Heinrich W. Ahlemeyer

Das sollte doch eine Freude sein

Vom Glück der Familienforschung

Spuren und Wege Band 1

Heinrich W. Ahlemeyer

Das sollte doch eine Freude sein

Vom Glück der Familienforschung

Foto: Ulrich Karst

Heinrich W. Ahlemeyer hat als Soziologe zu sozialen Bewegungen, intimer Kommunikation und komplexen Organisationen geforscht, gelehrt und veröffentlicht. Außerplanmäßiger Professor der Universität Münster; Gastprofessuren in Los Angeles und in Wien. Als Unternehmensberater hat er Führungskräfte in Wirtschaft und Verwaltung trainiert, das Top-Management großer Firmen gecoacht und umfassende Veränderungsprozesse in Organisationen unterstützt. Er lebt mit Ehefrau und zwei Dackeln in Münster/Westfalen und in den Niederlanden.

28870 Fischerhude
www.atelierbauernhaus.de
ISBN 978-3-96045-461-8

Alles vergeht.
Wer klug ist, weiß das von Anfang an,
und er bereut nichts.

Olga Tokarczuk

Wer stirbt
und doch nicht vergeht,
der lebt.

Laotse

Vorwort

Es ist ein unbekanntes Land, das ein Jeder und eine Jede von uns bewohnt: eine Region, die wir zu kennen meinen, haben wir sie doch selbst durchschritten – die Landschaft der persönlichen Vergangenheit. Ihre Grenzen und Umrisse bleiben unscharf, weil sie, unermesslich groß, mit jedem Tag ihre Gestalt verändert. Sie wächst täglich; dafür versinken an anderer Stelle Teile im Nebel von Routine und Vergessen. Zugleich verändert jede Erinnerung, jedes Erzählen von dem, was wir gesehen, erlebt und gefühlt haben, die Konturen dieses Terrains – oft unmerklich.

Warum sich überhaupt mit der (eigenen) Vergangenheit befassen, mit dem, was war, was vergangen ist? Ist die Gegenwart nicht ungleich wichtiger? Und die Zukunft erst! Nach meiner Überzeugung liegt ein wichtiger Schlüssel zum Verständnis der Gegenwart und für die Gestaltung dessen, was kommen wird, gerade dort, in der Vergangenheit. Dort ist die DNA zu finden, soziale und psychische Mechanismen und Muster, die dem Lebensweg seine einzigartige Form geben: Bedingungen und Bezugspersonen, die Rolle des Zufalls, Kehrtwenden, überraschende Entwicklungen.

So wie keine Gesellschaft auf Gedächtnis, Erinnerung und das Bewusstsein ihrer Herkunft verzichten kann, sollte es auch der einzelne nicht. Gestartet bin ich am Ende des ersten Corona-Jahres 2020 mit der Frage nach den Bedingungen, Einflüssen und zentralen Bezugspersonen des eigenen Werdens zu Beginn der fünfziger Jahre, fünfeinhalb Jahre nach dem Ende des Zweiten Weltkriegs. Dabei haben mich vor allem die „Schwingungen" jener Zeit interessiert, die emotionale Atmosphäre, das, was unausgesprochen dennoch spürbar war und in meinen ersten Lebensjahren womöglich auf mich eingewirkt hat.

Weil sich die eigene Erinnerung an diese frühkindliche Zeit unvollständig, lückenhaft und verwaschen ausnimmt, habe ich auf zeitgenössische Beschreibungen der Seelenlage dieser Nachkriegsjahre zurückgegriffen, wie sie etwa in Sendungen des zentralen Mediums jener Zeit – des Rundfunks – zum Ausdruck kamen. Schnell bin ich von dort auf die persönliche Konstellation einer Mehrgenerationenfamilie gestoßen, in der neben Vater und Mutter die Großeltern und eine junge Tante beinahe ebenso wichtige Bezugspersonen waren. Aus diesem Stoff ist das erste Kapitel gewebt. Dabei kommt der Großvater in den Blick, der mir nicht nur Namens- und Taufpate war, sondern nach den Schrecken von Krieg und Gefangenschaft besonderes Gefallen an dem kleinen Enkel gefunden hat, der in seinem Haushalt heranwuchs.

Im Geschirrschrank meiner Großmutter, so erinnere ich mich, stand ein Bild des Großvaters in Uniform, mit einem Totenkopf auf der Mütze. Er soll in Italien stationiert gewesen sein, hatte mir meine Mutter einmal erzählt. Wie oft habe ich mich in den achtziger Jahren bei Reisen durch Oberitalien gefragt, ob der eigene Großvater womöglich an Partisanenerschießungen beteiligt war, wenn ich an Brückenköpfen in Verona, Padua oder Mantua auf Gedenktafeln gestoßen bin, die an diese Greul erinnern. Diese Beunruhigung gab den Anstoß zu dem zweiten Kapitel, in dem ich versuche, Stationen des Werdens von Heinrich Wessel nachzuvollziehen. Dabei kommen die Wirkungen des Ersten Weltkriegs auf den Heranwachsenden und die zwölf Jahre als Unteroffiziersanwärter im 6. Preußischen Artillerie-Regiment zur Sprache, bevor ich untersuche, was er und seine Einheit in Italien gemacht haben. Das Ergebnis dieser Recherche sei an dieser Stelle nicht vorweggenommen. Es führt in eine Auseinandersetzung mit der Frage, wie die Schuld einzuschätzen ist, die der Großvater mit Zugehörigkeiten zu Organisationen des Nazi-Staates auf sich geladen hat.

Durch die Recherchen zu seinem Lebensweg stieß ich auf weitere Urkunden, Briefe und Fotos, die seit Jahrzehnten in den Pappkisten meines kleinen Familienarchivs schlummern. Die Todesanzeige für seinen älteren Bruder Gerd aus dem Verdener Anzeigenblatt von November 1915 hatte sich mir schon eingeprägt, als ich noch Kind war. Zu Beginn des dritten Corona-Jahres wurde mir an einem Tag im Januar eher zufällig bewusst, dass die Geburt meines Urgroßvaters Gerd Wessel genau 150 Jahre zurück lag. Das weckte meine Neugierde. Ich nahm den Jahrestag zum Anlass, um mich zu fragen, was ich von dem Altvorderen weiß. Rasch weitete sich der Blick und bezog auch seine Frau Sophie mit ein, meine Urgroßmutter. Die Funde dieser Erforschung des Lebenswegs der Urgroßeltern machen den Stoff des dritten Kapitels aus. Dabei drängt sich unausweichlich in die Betrachtung, was Goethe in seiner Autobiographie Dichtung und Wahrheit „die ungeheuren Bewegungen des allgemeinen politischen Weltlaufs" nennt: Kaiserreich und Erster Weltkrieg, Nationalsozialismus und Nachkriegszeit. Zugleich spielen die Besonderheiten des Landlebens, örtliche Gegebenheiten und die einzigartige Geestlandschaft an der Aller hinein.

Die vorgefundenen Materialien haben für mich Fragen wie diese aufgeworfen: was war das für ein Leben, das sich mir, dem Beobachter von heute, darstellt? Wie sind die Menschen drei Generationen zuvor mit den unvermeidlichen Härten und Rückschlägen des Lebens zurecht gekommen? Welche Freuden haben sie erlebt? Wie haben sie die Vorgaben, Zwänge und Notlagen ihres Zeitalters, wie die Zumutungen ihres persönlichen Lebens, von Alter und schwindender Eigenständigkeit bewältigt? Ich frage aber auch, ob Muster und Dispositionen beobachtbar sind, die ich aus eigenem Handeln und Fühlen kenne. Höhepunkte im Leben eines Familienforschers habe ich erlebt, als ich mit den Fotos und Briefen aus dem Familienarchiv in die Region der Urgroßeltern gefahren bin und dort überraschende Entdeckungen machen konnte.

Von meiner Suche nach Lebensspuren der Vorfahren erzähle ich in der Ich-Form. Ich versuche, einzelne biografische Stationen des Großvaters und der Urgroßeltern aus heutiger Perspektive zu erhellen und berichte davon als Ich-Erzähler. Es gibt im zweiten und dritten Kapitel eine klare Unterscheidung zwischen der Person des Beobachters und den historischen Personen, um die es in der Beobachtung geht. Das erste Kapitel, in dem ich eigene frühe Kindheitserinnerungen aufrufe, stellt sich methodisch komplexer dar. Da ist die eigene vage und höchst selektive Erinnerung an früheste Kindheitsjahre, die sich immer fragen lassen muss: woher weißt du das? Da spielen die unvermeidlichen Grenzen, blinden

Flecken und Paradoxien jeder Selbstbeobachtung hinein, die nicht sehen kann, was sie nicht sieht. Nicht zuletzt tendiert der Gebrauch des Fürworts „ich" dazu, Bezüge zu verwischen und Unschärfen zu erzeugen: mal ist das Ich das sich erinnernde Kleinkind der frühen fünfziger Jahre; mal der Beobachter von heute, der die historischen Konstellationen jener Zeit aus gegenwärtiger Perspektive und mit dem Wissen von heute einblendet. Zuweilen verschränken sich die beiden „Ichs" trotz gegenteiliger Bemühung beinahe unentwirrbar ineinander, wenn etwa das frühkindliche Ich den Erzähler von heute braucht, um zu Wort zu kommen.

Diese hier vorgelegten Ergebnisse wären nicht möglich gewesen, wenn nicht Sophie Wessel dafür gesorgt hätte, dass es Briefe und Fotografien von ihrem Leben in den Föhren gibt; wenn nicht Anita und Ursula, ihre Enkelinnen, diese Dokumente sorgfältig bewahrt und schließlich an mich weitergegeben hätten. Ich danke Wilhelm Mühlmann für seine Unterstützung der Recherchen zu dem Anwesen Bessern, für Fotos aus seinem Familienalbum, für freundliche Einladungen und mündliche Überlieferungen. Ich danke Dr. Klaus Tietje für überraschenden Erkenntnisgewinn und anhaltenden Rat in der Lösung einzelner Rätsel im Leben der Urgroßeltern. Klaus Tietje hat sich mit der Digitalisierung der alten Kirchenbücher in Niedersachsen große Verdienste erworben. Vor Einführung der Standesämter waren sie die einzigen Orte, wo Geburten, Hochzeiten und Sterbefälle dokumentiert wurden. Dank gebührt Wilhelm Hogrefe für die Anregungen, die seine Berichte und Erinnerungen zur Nachkriegszeit in dieser Region mir vermittelt haben. Besonderen Dank schulde ich meiner Frau Hildegard und Walburga Hülk-Althoff für ihr sorgfältiges Lektorat, das sehr geholfen hat, eingeschlichene Fehler zu tilgen, Formulierungen nachzuschärfen und den Text lesbarer zu machen.

Mir selbst hat die intensive Befassung mit der Geschichte des Großvaters und der Urgroßeltern mehr gebracht als nur einen Zuwachs an Informationen. Ich stoße auf Schuld und Verstrickung, auf berührende Äußerungen tiefer menschlicher Empfindungen: Angst, Liebe, Trauer, Freude, Zusammengehörigkeit, Glück, Krankheit, Einsamkeit und naher Tod. Mit zunehmender Dauer der Befassung hat sich so ein geradezu persönliches Verhältnis zu den Ahnen eingestellt. Das nimmt sich zuweilen auch skeptisch aus, insgesamt jedoch überwiegen Sympathie, Mitgefühl und Nähe. Der vorangestellte alte Satz des Laotse gewinnt damit für mich neue Bedeutung und Aktualität.

Lebenswege aus der mütterlichen Familie Wessel bilden den Inhalt dieses ersten Bandes einer Reihe, die „Spuren und Wege" heißt. Im zweiten Band wird es um die väterlichen Vorfahren in Westfalen gehen. Auch da wird von einer Urgroßmutter zu berichten sein, deren Abbild im Stedelijk Museum in Amsterdam zu sehen ist, und von einem Großvater, der sich weigert, seinen Kindern Geld für die Uniform der Hitler-Jugend zu geben.

Kapitel 1
Am Beginn des eigenen Weges: Angstgeräusche

Auf der Rückfahrt von einem Akkordeon-Workshop in Ansbach hörte ich im Herbst des ersten Coronajahres 2020 im Auto eine Sendung, die mich ansprach. Manfred Koch schildert die Gefühlslandschaft im Deutschland der Nachkriegszeit: Angstgeräusche – das deutsche Hörspiel der Nachkriegszeit. Diese Zeit ist für viele heutige Zeitgenossen schlicht unvorstellbar. Die Städte lagen in Schutt und Asche; die Menschen froren; viele hatten nicht einmal ein Bett. Mancher konnte vor Hunger nicht schlafen, andere vor Angst nicht. Der englische Dichter W. H. Auden nannte diese Jahre nach dem Krieg *an age of anxiety*.

Was erlebten Sie am 29. Januar 1947? Mit dieser Frage startete der NWDR eine Hörerumfrage im zweiten Nachkriegswinter. Mehr als 30.000 Briefe gingen im Funkhaus ein. Daraus entstand ein Meilenstein der Rundfunkgeschichte. Ernst Schnabel, ein früher Radio-Pionier, fertigte aus dem Stimmenmosaik deutscher Befindlichkeiten ein Feature zur Alltagserfahrung im sibirisch-kalten Winter 1947. Der Akzent lag auf der Alltagserfahrung: Hunger, Kälte, Obdachlosigkeit waren die Grundthemen. Zugleich ging es dem Redakteur aber auch darum, die Seelenlage der Hörerinnen und Hörer zu erkunden.

Als Schnabel in London vor Redakteuren der BBC von der Sendung berichtete, zitierte er als Beispiel für das trotzige Festhalten nicht Weniger an der NS-Ideologie aus einem der eingesandten Briefe. Verbreitet war es, den Siegermächten die Schuld für die katastrophalen Lebensbedingungen zu geben. Das letzte Hemd in Fetzen, nichts zu essen, Regenwasser durch das Dach, Heil Hitler, hieß es dort.

Schnabel zu den BBC-Redakteuren: „Wir Deutschen sind ein vergessliches Volk. Die Masse erkennt in den augenblicklichen Umständen nicht die Konsequenzen der Vergangenheit, für die sie als Masse verantwortlich ist, sondern sieht in ihr ein Schicksal, und dieses Schicksal trägt sie nicht als Schicksal, sondern sieht es als Unrecht. Man prahlt mit Leiden und bemitleidet sich selbst zu oft."[1]

Angesichts der Gemütsverfassung der militärisch besiegten Deutschen diagnostizierte er eine seelische Blockade. Erleben und Handeln seien dominiert von dem übermächtigen Gefühl der Angst – Angst vor allem und jedem, was in der Zukunft liegt; Angst vor jeder Aufgabe, Angst vor Anforderungen an die eigene Kraft; Angst vor Versagen; Angst vor dem Wetter, der Polizei, der Stromsperre, vor dem Gedränge in der Straßenbahn, Angst vor dem Hunger.

Die Hörer schilderten ihren Überlebenskampf. Dabei vermieden sie seelische Einblicke, auch vor sich selbst, und ließen dabei dennoch manches erkennen. Eine besondere Angst war die Angst vor den Opfern des Nationalsozialismus. Die überlebenden Juden könnten sich rächen. Das Gefühl, noch einmal davon gekommen zu sein, verband sich mit der Angst vor neuen Verheerungen. Im Alltag galt es, die Kriegstrümmer beiseite zu räumen und in den stehen gebliebenen Häusern eine prekäre Wohnlichkeit möglich zu machen. Das dauerte bis weit in die 50er Jahre hinein. Trumans Anordnung zum Bau einer Wasserstoffbombe erschien als Großfurcht, vor der man sich den Sorgen und Ängsten des eigenen Alltags zuwandte. Zugleich bekam die Erinnerung an das Dritte Reich zunehmend größeres Gewicht: Nachkriegselend. Man konnte nicht schlafen. Im Erfolgsfilm dieser Zeit, Der dritte Mann, schrie es durch die Wand: Mörder! Mörder!

Die Zustimmung der Deutschen zum Hitlerregime bis in die ersten Kriegsjahre hinein schlug nach 1945 um in ein mit Unwissen einhergehendes Misstrauen gegen Politik überhaupt. Viele hielten den neuen Staat für ein von den Siegermächten aufgezwungenes Provisorium. Freilich wurde auf der Erscheinungsebene ein atmosphärischer Wandel erkennbar: keine Aufmärsche, keine pompöse Beflaggung, keine schneidige Rhetorik mehr; stattdessen: Heuss und Adenauer, ein gemütlicher Schwabe und eine rheinischer alter Herr, die nichts mehr vom Geist des deutschen Militarismus ausstrahlten. Sie standen am Beginn eines Wegs zum zivilisierten Normalstaat in der Gemeinschaft der westlichen Demokratien.

Schwingungen

Ich war viereinhalb Monate alt, als Günter Eichs Hörspiel *Träume* am 19. April 1951 im Rundfunk gesendet wurde. Es gab noch kein Fernsehen. Abends versammelte man sich vor dem Rundfunkgerät. Günter Eichs Träume waren nichts als Albträume. Menschen wurden von geheimnisvollen Mächten bedroht, verschleppt, gelähmt, getötet. Ich mache mir heute klar: das ist die Zeit, in die ich hineingeboren werde. Das war die allgemeine Seelenlage, vielleicht auch die meiner allernächsten Umgebung, die Gestimmtheit der jungen Mutter, die im Jahr seiner Geburt gerade einmal zweiundzwanzig Jahre alt war und die im Jahr davor den plötzlichen Tod ihres erstes Kind hatte erleben müssen. Meine Schwester Annegret starb am 24. September 1949 in der Kinderklinik in Bethel-Gadderbaum im Alter von sechs Monaten an einer Gehirnhautentzündung.

Vielleicht traf die allgemeine Seelenlage aber auch die Gestimmtheit der beiden Männer in dem Mehrgenerationenhaushalt an der Jöllenbecker Straße in Bielefeld: die des 23-jährigen Vaters Werner und die seines Schwiegervaters Heinrich. Der Großvater wurde wenige Wochen nach meiner Geburt fünfzig Jahre alt.

Meinen Vater als einen durch die Hitlerjugend begeisterten Anhänger der braunen Diktatur zu beschreiben, tut ihm kein Unrecht. Er meldete sich als Sechzehnjähriger zum Reichsarbeitsdienst und siebzehnjährig freiwillig zu den Truppen von Hermann Göring, dem Dicken, wie der Vater den großspurigen Kriegsverbrecher auch später noch nannte. In den fünfziger Jahren, als Werner schon ein Auto hatte, einen viertürigen gebrauchten Renault Dauphine, ging es sonntags zu den nahen Truppenübungsplätzen der britischen Streitkräfte. Als kleiner Junge von fünf, sechs Jahren, spürte ich die Atmosphäre von Bedrohlichem und Feindlichem, die der Vater den olivgrünen Bedford-Lastern und den Kettenfahrzeugen in der Senne zuschrieb. Bis zum Ende seines Lebens am 9. November 2004 machte der Vater aus seinen nationalsozialistischen Sympathien keinen Hehl. Mit Demokratie und westlichen Werten konnte er nicht viel anfangen. Heute kann ich ihn als fehlgeleitetes Opfer sehen, das man als Kind und Jugendlichen für die Ideologie des Nationalsozialismus hatte begeistern können. Das geschah so erfolgreich, dass auch der Zusammenbruch des sogenannten Tausendjährigen Reichs, die weitgehende Verwüstung des Landes durch den Krieg und die erschütternden Verbrechen gegen die Menschlichkeit seinen Grundüberzeugungen nur wenig anhaben konnten.

Verstanden sich Heinrich Wessel, mein Großvater, und Werner, der junge Ehemann seiner Tochter, in dem Punkt? Manches hatten sie trotz ihres Altersunterschieds gemeinsam: beide hatten den Krieg aus nächster Nähe als Soldat erlebt; beide hatten überlebt; beide kehrten als militärisch Geschlagene und von der Geschichte Widerlegte zurück nach Hause, nach in das von britischen Bombern schwer heimgesuchte Bielefeld.

Ich frage mich: was weiß ich über meinen mütterlichen Großvater und Namenspaten, in dessen Haus ich geboren wurde und meine ersten Lebensjahre verbrachte? Heinrich Wessel war gerade Mitte vierzig, als er 1947 aus britischer Kriegsgefangenschaft in der Lüneburger Heide zurück zu seiner Frau Anna und seinen beiden Töchtern kam. Anita, meine Mutter, war gerade neunzehn Jahre alt geworden. Elf war sie, als er in den Krieg zog. Ulla, die jüngere Tochter, war bei seiner Rückkehr neun Jahre alt. Die Zeit in der Kriegsgefangenschaft hat ihn gezeichnet. Welche Grausamkeiten hat er während des Krieges erlebt? Von welchen Verbrechen gegen die Zivilbevölkerung wurde er Zeuge? War er selbst womöglich aktiv beteiligt, an Verhaftungen und Vergeltungsmaßnahmen, Erschießungen und Brandschatzungen? Opa, erzähl mir doch vom Krieg, bettelte ich auf seinem Schoß sitzend. Bevor er in Versuchung kam, fuhr die Großmutter dazwischen: Darüber spricht man nicht. Das ist nichts für Kinder!

Warum gehe ich diesen Fragen nach? Warum lasse ich eine Studie über das Nachkriegshörspiel zu Wort kommen? Ich sehe darin eine Möglichkeit, dem auf die Spur zu kommen, was mich früh geprägt hat. Denn darum soll es gehen: zu begreifen, wie ich der geworden bin und werden konnte, der ich geworden bin. Welchen Verlauf hat mein Lebensweg – auf dem ich ja noch immer unterwegs bin – genommen? Welche Bedingungen, welche Ereignisse, welche Personen und welche Ideen haben ihn geformt? Eine besondere Bedeutung messe ich den Anfangsbedingungen zu. Ich möchte dem nachzuspüren, was ich als Kleinkind gleichsam mit der Muttermilch aufgesogen habe. Anzunehmen ist, dass ich als Kind die Schwingungen und Emotionen der Erwachsenen um mich herum aufgenommen, erlebt und wohl auch mitgelitten habe, auch wenn ich sie oft nicht verstanden habe.

Als Kind spürte ich, vernebelt und diffus, das Grauen der Erwachsenen; ahnte das Schreckliche. Es gab vieles, was nicht erzählt werden durfte. Die Angst projizierte ich auf konkrete Orte und Objekte: die dunkle Ecke hinter der Tür zum Keller, wo ich zur Strafe manchmal hingeschickt wurde und neben Besen und Schrubber im Dunkeln ausharren musste. Oder auf den roten Bulli der Feuerwehr, der mit Blaulicht lange vor der Tür auf der Jöllenbecker Straße stand. Im Haus gegenüber, bekam ich mit, hatte sich jemand umgebracht. Immer wenn ich abends im Dunkeln auf dem Weg zur Toilette durch die Waschküche musste, sah ich mit Schaudern durch das kleine Fenster auf das gegenüberliegende Haus.

Eine bedrohliche Zuspitzung erlebte die Welt in der Suezkrise Ende Oktober 1956. Ägypten verstaatlichte den

Suezkanal und provozierte damit Frankreich und England. Die beiden Mächte intervenierten gemeinsam mit Israel militärisch in Ägypten. Als die Sowjetunion drohte, militärisch einzugreifen, wuchs die Furcht vor einem neuen Weltkrieg. Ich ging noch nicht in die Schule, erinnere aber deutlich die gefühlte Bedrohung jener Tage. Ich saß mit Oma und Tante am Tisch der Wohnküche und schnippelte an alten Schnittmustern herum, während die Erwachsenen sich darüber sorgten, was weiter geschehen würde. Diese Sorge ließ mich, den Fünfjährigen, nicht unberührt. Sie mischte sich mit Gefühlen von Bedrängung, Leere und Angst. Auch später, in der Pubertät, vernahm ich gelegentlich Bedrückungen dieser Art. Ohne begründen zu können, warum und wieso, drängte sich mir die Wahrnehmung auf, dass etwas nicht in Ordnung sei. Stimmt mit mir selber Grundlegendes nicht? fragte ich mich damals. Heute sehe ich, dass auch die schwierige Ehe der Eltern, wiederkehrende Affären des Vaters und zeitweilige Trennungen der Auslöser für dunkle Stimmungen der Beklemmung, Trauer, Öde und Hoffnungslosigkeit gewesen sein können. Ich brauchte lange, um sie hinter mir zu lassen.

Geworfenheit

Warum sich überhaupt mit der Vergangenheit befassen, mit dem, was war und vergangen ist? Ist es nicht ungleich wichtiger, die Gegenwart zu verstehen, das, was ist? Und sich im nächsten Schritt damit auseinander zu setzen, was kommen wird, mit der Zukunft? Ich bin davon überzeugt, dass in der Vergangenheit der Schlüssel für das Gegenwärtige und für das Zukünftige liegt. Dort sind sozusagen die DNA, die sozialen und psychischen Mechanismen und Muster zu finden, die dem eigenen Lebensweg seine einzigartige Form geben: die bedeutsame Rolle des Zufalls, unwahrscheinliche Kehrtwenden, überraschende Entwicklungen.

Es ist ebenso trivial wie notwendig, daran zu erinnern, dass jedes einzelne menschliche Leben sich unwahrscheinlichen Zufällen verdankt. Die Vereinigung gerade dieser männlichen Samenzelle – einer unter zig Millionen – mit gerade diesem mütterlichen Ei zu gerade diesem Zeitpunkt, der überhaupt eine Empfängnis erlaubt: das allein schon übersteigt die menschliche Vorstellungskraft. Hinzu kommt die Zufälligkeit von Ort, Zeit und sozialer Zugehörigkeit, die das weitere Leben wesentlich bestimmt. Ob man im Mittelalter, zur Zeit von Kreuzzügen, Pest und feudaler Ordnung oder im 20. Jahrhundert mit den Errungenschaften von Technik und Sozialstaat geboren wird, ob in Afrika, Südamerika oder Europa, in welche nationale Gesellschaft, in welche Klasse und Schicht, mit welchem Geschlecht: all das macht einen enormen Unterschied für das eigene Leben. Es markiert das, was Martin Heidegger als die „Geworfenheit" der eigenen Existenz markiert hat: Konstellationen und Situationen, Umstände und Identitätszuweisungen, die der eigenen Gestaltung weitgehend entzogen sind und die einen prägenden Einfluss darauf haben, wie sich das Leben des einzelnen entfaltet und „anfühlt".[2]

Insofern macht es Sinn, sich der Konturen der eigenen Geworfenheit zu vergewissern. Geboren wurde ich als Sohn eines jungen Paares fünfeinhalb Jahre nach einer der größten Katastrophen der Menschheitsgeschichte auf dem Boden Deutschlands, des Landes, das elf Jahre zuvor den Zweiten Weltkrieg mit einem Angriffskrieg gegen Polen entfacht und dem Weltenbrand mit weiteren Überfällen gegen seine Nachbarn im Osten und Westen – Frankreich, die Niederlande, Tschechien, England, Russland, Italien – immer neue Nahrung gegeben hatte. Meine Generation musste sich erst klarmachen, was geschehen war. Dieses Land hatte sich eine politische Führung gegeben, die im Innern eine Politik der physischen Vernichtung von politischen Gegnern und ethnischen Gruppen, wie Juden, Sinti und Roma, im Äußeren eine aggressive Kriegspolitik verfolgte. Von den Alliierten und der Sowjetunion unter großen Opfern besiegt und befreit, lag dieses Land 1945 in Trümmern – verwüstet und geschunden. Millionen hatten ihr Leben und geliebte Angehörige verloren, Söhne, Töchter, Geschwister, Eltern, Ehepartner. Das Land wurde von den Siegermächten in Besatzungszonen aufgeteilt; im Osten gingen große Teile an Russland und Polen; die deutsche Bevölkerung dort wurde vertrieben. Ebenso wie die Städte in diesem Land in Trümmern lagen, war auch das Ansehen der dort wohnenden Menschen auf einem Tiefpunkt. Die Deutschen waren als Volk, das die Nazis gewählt und ihnen zugejubelt hatte, weltweit geächtet. Sie standen als brutale Angreifer und gewissenlose Mörder von Frauen und Kindern da, die sie mit industriellen Methoden millionenfach in Gaskammern umgebracht hatten – Schlächter des Holocaust.

Doch schon in der zweiten Hälfte der vierziger Jahre begannen erste Keime eines neuen Gemeinwesens zu sprießen, nicht zuletzt dank der alliierten Mächte, die unter schweren Opfern das faschistische Regime des Dritten Reichs militärisch niedergerungen hatten. Anders als nach dem Ersten Weltkrieg wurden dem Verlierer keine wirtschaftlichen Reparationen auferlegt, sondern mit dem Marshall-Plan sogar großzügige wirtschaftliche Hilfen gewährt. Die Besatzungsmächte suchten, zunächst auf der Ebene der Gemeinden und der Länder, ein demokratisch verfasstes Gemeinwesen in Gang zu bringen und die wirtschaftliche Not, so gut es ging, zu lindern. Im Juni 48 löste eine neue Währung die bankrotte Reichsmark ab: die Bank Deutscher Länder begründete die D-Mark als neue Währung. Am 23. Mai 1949 verabschiedete der Parlamentarische Rat als verfassungsgebende Versammlung auf Herrenchiemsee ein neues Grundgesetz. Damit wurde auf dem Boden der westlichen Besatzungsmächte die Bundesrepublik gegründet. Es folgten im Herbst 1949 demokratische Wahlen zum Bundestag, aus denen Konrad Adenauer als erster Bundeskanzler des neuen Staates hervorging.

Ein gutes Jahr später erblickte ich das Licht der Welt, im ersten Stock des Hauses der Großeltern an der Jöllenbecker Straße 224 in Bielefeld. Die ostwestfälische Stadt beherbergte zu dieser Zeit größere Unternehmen der Metallindustrie (Dürkopp, Anker, Kochs Adler, Gildemeister), der Nahrungsmittel- (Dr. Oetker) und der Textilindustrie (Seidensticker, Büscher und Braune). An der Detmolder Straße im Osten der Stadt waren ebenso wie im nahen Sennelager noch Tausende von britischen Soldaten stationiert. Die Alliierten lockerten die kurze Leine, an der sie die Deutschen führten, nur nach und nach.

Weichenstellungen

Ich versuche, mir diese fünfeinhalb Jahre zwischen Mai 1945 und der eigenen Geburt im Dezember 1950 vorzustellen und sehe die weitreichenden Weichenstellungen dieser Zeit, politisch, wirtschaftlich, aber auch in der Familie. Im Mai 1945 wurde meine Mutter Anita siebzehn Jahre; sie arbeitete als Sprechstundenhilfe bei einem Kinderarzt, Dr. Warneck, der seine Praxis am alten Ratsgymnasium hatte. Ihr Vater, Heinrich, hatte den Krieg überlebt, war in britische Kriegsgefangenschaft geraten und wurde in einem Lager bei Munster hinter Stacheldraht verwahrt. Anitas jüngere Schwester, Ulla, war sieben und ging in die erste Klasse. Das Haus an der Jöllenbecker Straße hatte ungezählte Bombennächte unbeschadet überstanden; Volltreffer waren aber auf Häuser in der Nachbarschaft niedergegangen. Im Anflug auf den Viadukt in Bielefeld-Schildesche, eine strategisch wichtige Eisenbahnbrücke in der Ost-West-Verbindung, warfen die britischen Bomber auch in Gellershagen-Sudbrack ihre tödliche Last ab. Meine Großmutter wusste zu dieser Zeit nicht, wie sie mir später erzählt hat, wo ihr Mann sich aufhielt, ob er noch lebte, ob, wann und wie er jemals zurückkommen würde. Die beiden Mädchen hat sie über die sechs Kriegsjahre allein großgezogen und mit ihnen manche Nacht im Keller gesessen, während die Sirenen heulten, die Flaks knatterten und nahe Explosionen den Boden erzittern ließen.

Was hat ihr geholfen? Wie hat sie diese Jahre durchgestanden? Lief das Beamtengehalt ihres Mannes weiter? Bekam sie den Sold ausbezahlt oder er? Sie hielt Hühner und im Stall ein Schwein. Es gab ein größeres Stück Land, auf dem sie Kartoffeln, Möhren, Erbsen, Bohnen und Kohl anbaute. Und sie hatte Mieteinnahmen. Vorn an der Straße war ein hölzener Schuppen mit zwei Schaufenstern an einen Fahrradhändler vermietet, Heidemann hieß der. Im alten Hinterhaus, das noch Fachwerk und eine Deele hatte, wohnten Frau Kleimann mit ihrem Sohn Klaus und Frau Lüttgert mit ihrer Mutter und ihren beiden Söhnen; einer hieß Dieter, wie ich mich erinnere. Die Mieten waren nicht üppig; sie halfen aber, durchzukommen. Einen Beruf im heutigen Sinne hatte meine Großmutter nicht gelernt. Wohl war sie vor ihrer Eheschließung mit Heinrich im Jahr 1927 als Dienstmädchen und Köchin bei einem jüdischen Anwalt in Hannover in Stellung. Dort aber flog sie, wie sie mir erzählt hat, wegen ihrer frechen Zunge raus. Der Mann war im Krieg. Es blieb ihr, wie ungezählten anderen Frauen, nichts anderes übrig, als selbst die Familie durch diese Zeit zu bringen. Anna war resolut; sie stand mit beiden Beinen im Leben und hatte es gelernt, sich durchzusetzen.

Dann bekam sie Nachricht, dass ihr Mann Heinrich lebte und sich in einem Gefangenenlager in der Lüneburger Heide befand. Sie beantragte eine Besuchserlaubnis und brachte ihm eine Decke und Essen. Ich vermute, dass es 1947 war, als er aus der Gefangenschaft entlassen wurde und nach Hause zurückkehrte – als militärisch Geschlagener, der erkennen musste, dass er aufs falsche Pferd gesetzt hatte. Die beiden Töchter Anita und Ursula holten ihn am Bahnhof ab. „Ich war vor Freude so aufgeregt", erzählte mir Ursula später, „dass ich unter einer Sperre durchgeschlüpft bin". Ehefrau Anna, meine Großmutter, hatte unterdessen die Haustür mit Girlanden geschmückt, die aus Zeitungspapier improvisiert waren.

Anita, meine Mutter, war neunzehn und zeigte Anzeichen, flügge zu werden. Es gab, bei aller Not und aller kriegsbedingten Zerstörung, erste Vergnügungsangebote, einen Tanzabend im nahen Volkshaus Sudbrack etwa. Man wollte es ihr nicht verwehren, dorthin zu gehen. Dort lernte sie einen gut aussehenden, jungen Mann in ihrem Alter kennen, in den sie sich verliebte und den sie bald zuhause vorstellte.

Werner, ein halbes Jahr älter als sie, war ein kräftiger junger Mann, mit leicht gelocktem, vollen Haar und – bereits kriegserfahren. Er hatte 1944 an der Ostfront gekämpft und die Brutalität des Krieges aus nächster Nähe erlebt. Nachdem er von einer Granatsplitter am Arm verletzt wurde, entkam er in Ostpreußen knapp den rasch vorwärts drängenden russischen Truppen. In der „Operation Hannibal" wurden tausende von Flüchtlingen, hauptsächlich Frauen und Kinder, sowie Verwundete über die Ostsee nach Lübeck und Kiel evakuiert. In dem Chaos der überstürzten Fluchtbewegungen bekam Werner mit seiner Verwundung einen Platz auf dem letzten Fährschiff, das Danzig noch verlassen konnte.

In der britischen Besatzungszonen wurde Werner zunächst gefangen genommen, bald aber nach Hause geschickt. Kinder und Jugendliche verschonten die Briten vor den Entbehrungen der Gefangenschaft. Man sah sie als Verführte, die um die Verwerflichkeit ihres Tuns noch nicht wissen und deshalb nicht zur Verantwortung gezogen werden konnten. Anders übrigens als die Russen. Mein späterer Vermieter, Ernst August Ahrend, Maurermeister in Kiel-Schulensee, im selben Jahr geboren wie mein Vater, 1927, wurde nach Sibirien verschleppt und musste dort unter härtesten Bedingungen jahrelang Fronarbeit unter Tage leisten. Werner dagegen hatte Glück: er solle nach Hause gehen und etwas Ordentliches lernen, sagten ihm die „Tommies". Er kehrte zurück ins heimatliche Babenhausen bei Bielefeld und begann, auf Vermittlung seines Vaters, eine Lehre als Herrenwäschezuschneider in Schildesche in dem Unternehmen Büscher und Braun.

Anita wurde schwanger; ein Kind war unterwegs. Es wurde geheiratet. Im März 1949 entband Anita von einem gesunden kräftigen Mädchen, Annegret. Schwarz-Weiß-Aufnahmen aus dem folgenden Frühjahr zeigen Mutter und Kind im Garten, sonnenbeschienen, vor blühenden Apfelbäumen.

Doch das Glück sollte nicht dauern. Im Spätsommer erkrankte Annegret schwer an einer Hirnhautentzündung. Ob der Arzt der Familie, der nebenan auf der Schelpsheide seine Praxis hatte, die Schwere der Erkrankung rechtzeitig erkannte, ob ärztliche Kunst überhaupt etwas hätte ausrichten können; ob die Kleine mit einem Antibiotikum hätte gerettet werden können – diese Fragen kann ich mehr als siebzig Jahre später nicht beantworten. Meine Schwester Annegret wurde ins Kinderkrankenhaus in Gadderbaum eingewiesen und verstarb dort. Die Ärzte konnten ihr nicht mehr helfen. Welch' ein Verlust, welch' eine Tragödie für das junge Paar, für die Großeltern im selben Haus, vor allem aber für die junge Mutter, die ihr erstes Kind nach anfänglicher Wonne nach einem halben Jahr an den Tod verloren hat! Annegret fand ihre letzte

Ruhe in einem kleinen Kindergrab auf dem nahen Sudbrack-Friedhof. Heute steht an dieser Stelle ein Kolumbarium. Trauer und Schwere senkten sich nach dem Tod des wenige Monate alten Kindes auf das Haus. Was ein Aufbruch, ein Neuanfang, ein hoffnungsvolles Zeichen hätte sein können, endete in der schmerzlichen, unannehmbaren Erfahrung von Verlust und Tod. Wie weiterleben nach einer solchen Tragödie?

Tod und Geburt

So freihändig wie bis hierher, aus der oft vagen, eigenen Erinnerung an mir Erzähltes gespeist, kann ich nicht fortfahren. Ich verspüre ein Bedürfnis, die Erinnerung mit belastbaren Fakten zu unterfüttern, und gehe in meinem Archiv auf die Suche.

In einer Schachtel mit Materialien zur Familiengeschichte stoße ich auf das Familienbuch der Großeltern mütterlicherseits. Heinrich Hermann August Wessel, Unteroffizier des 2. Bataillons der 6. Preußischen Fahrabteilung, aus Soltau, geboren am 16. Februar 1901 in Hohenaverbergen, Kreis Verden, und Anna Luise Alma Wessel, geborene Stein, aus Hannover, geboren am 29. November 1903 in Ronnenberg, südlich von Hannover, schließen am 27. Mai 1927 in Ronnenberg die Ehe. Einen Tag später lassen sie sich, ebenfalls in Ronnenberg, vom Superintendenten Ohlendorf kirchlich trauen. Am 9. Mai 1928 wird ihnen eine Tochter geboren, Anita Dora Frieda, meine Mutter, die am 17. Juni 1928 in Soltau getauft wird. Zehn Jahre später, am 21.7.38, erblickt Ursula Ida das Licht der Welt. Im Standesamtsiegel ihrer Geburtseintragung trägt der Reichsadler ein umkränztes Hakenkreuz. Getauft wird

Ursula am 14.8.38 in Bielefeld-Sudbrack durch Pfarrer Schultz. In demselben Familienbuch finden sich eingelegt zwei Bescheinigungen: der Totenschein für Heinrich Wessel, gestorben mit 65 Jahren am 30. August 1966, und die Sterbeurkunde für Anna, deren Lebensfaden am 29. April 1989 um 9:23 Uhr im Altenheim in Herford reißt.

In der braunen Kiste finde ich auch das Familienbuch der Familie Werner Ahlemeyer. Auf einem Leineneinband in dunklem Violett ist, in gotischer Schrift golden abgesetzt, das Wort „Stammbuch" zu lesen, darunter ein stilisierter Hochzeitskranz. Der Herrenwäschezuschneider Werner Ahlemeyer aus Babenhausen 72 im Kreis Bielefeld und Anita Wessel heiraten am 8. Oktober 1948 in Bielefeld. Am 14. März 1949 wird Annegret geboren, wie ein Eintrag ausweist. Sechs Monate und zehn Tage später bescheinigt der Standesbeamte zur Vertretung Dopheide auf Seite 16 des Familienbuchs den Tod des Kleinkinds, verstorben am 24.9.1949 um 23:30 Uhr im Kinderkrankenhaus in Gadderbaum. Dem Mädchen waren keine zweihundert Tage Leben geschenkt.

Der frühe Tod meiner älteren Schwester, die ich selbst nur von einigen wenigen Fotos kenne, sollte für mich eine besondere Bedeutung erlangen, wurde dadurch doch der eigene Lebensweg entscheidend mitgeprägt. Meine eigene Zeugung wird im März 1950 stattgefunden haben. Knapp sechs Monate nach dem Tod ihres ersten Kindes wird Anita wieder schwanger. Annegrets Tod hatte weitreichende Konsequenzen für mich. So wurde ich in der Familie nicht zweitgeborener Sohn mit einer knapp zwei Jahre älteren Schwester, sondern nahm gleich, obwohl zweites Kind der Eltern, die Stelle des ersten, zunächst einzigen und dann, nach der Geburt einer jüngeren Schwester, die des ältesten ein. Es spricht viel dafür, dass die Verlusterfahrung bei Anita dazu führte, dass sie sich dem Neugeborenen mit besonders viel Liebe, Aufmerksamkeit und Sorgfalt zuwandte. So wurde ich zu einer Art Nutznießer von Annegrets Tod. Hätte sie die Hirnhautentzündung überlebt und wäre ich als ihr kleiner Bruder geboren – mein Leben wäre anders verlaufen, meine Prägung wäre eine andere geworden.

Wie? Darüber kann ich nur spekulieren. Ich vermute, dass ich weniger durchsetzungs- und leistungsorientiert geworden wäre, unterordnungsbereiter, zufrieden mit Platz zwei; jemand, der sich weniger aufgerufen fühlt, für Struktur und Gelingen zu sorgen. Das Verhältnis zur Mutter hätte sich womöglich weniger eng dargestellt. Vielleicht hätte ich weniger Förderung und Zuspruch erfahren, wären die ersten Lebensmonate weniger nah, zugewandt und innig gewesen, wäre mein emotionales Fundament mit weniger Zuversicht ausgestattet worden. In jedem Fall hätte die Mutter ihre Aufmerksamkeit in meinem ersten Lebensjahr teilen müssen. Die Zuwendung der Mutter kommt mir bis zur Geburt meiner jüngeren Schwester Annemarie im März 1952 uneingeschränkt zugute. Die Konstellation, dass das unglückliche Schicksal eines Mitmenschen ohne mein Zutun zu meinen Gunsten wirkt, wird sich auf meinem weiteren Lebensweg wiederholen.

Das kranke Huhn und das Schwein auf der Leiter

Wie ging es weiter? Was sind die Optionen? Zufälle, familiäre Konstellation, die seelische Lage der späten Vierziger-, frühen Fünfzigerjahre, der neue Schwiegersohn, frühes Leid – das war der Faden bisher. Es bietet sich eine Skizze meiner ersten Lebensphase an, die ich in der Mehrgenerationenfamilie an der Jöllenbecker Straße in Bielefelds Westen erlebt habe. Dieser Lebensabschnitt erscheint mehr oder weniger klar abgegrenzt. Im Januar 1957 erweiterte sich die Familie. Mein Bruder Thomas wurde geboren. Die Wohnung im ersten Stock des großelterlichen Hauses wurde zu klein. Mein Vater Werner erfuhr von einem neuen Baugebiet ganz in der Nähe, auf dem Land des Bauern Kipp, und bewarb sich um ein neu zu bauendes Reihenhaus „Am Knick". Für mich begann nach den Osterferien 1957 nach dem Kindergarten ein neuer Lebensabschnitt: ich wurde in die erste Klasse der Gellershagener Volksschule eingeschult. Im Juni 1958 – Anita war inzwischen mit einem weiteren Kind schwanger – fand der Umzug in das neue Haus statt. Nicht mehr die generationsübergreifende Gemeinschaft mit den Großeltern bildete fortan meinen Lebenskontext, sondern die kleinfamiliäre Konstellation in einer Neubausiedlung. Die sollte den Hintergrund für den folgenden zweiten Lebensabschnitt abgeben, der bis zum Auszug aus dem elterlichen Haus Ende März 1970 währte. Doch zurück zur ersten Lebensphase, den ersten sechs, sieben Jahren auf dem weitläufigen großelterlichen Grundstück in Sudbrack-Gellershagen.

Es gibt in den alten Alben der Mutter einige wenige Fotos aus jener Zeit, die ich zur Unterstützung der eigenen

Erinnerung zu Rate ziehen kann. Das Foto der Silberhochzeit von Heinrich und Anna Ende Mai 1952 etwa (Abb. 1), bei dem ich auf den Knien des Großvaters sitze, spricht Bände. Es ist das erste große Familienfest nach Jahren der Trennung, Jahren von Bomben, Hunger, Gefangenschaft, Not und Sorge und steht für einen hoffnungsvollen Wiederanfang. Heinrichs Bruder Johann aus Bremen war mit Frau Kind angereist, Oma Annas Schwestern aus Lehrte, Ida mit Enkel Achim und Frieda mit Mann, ihre Freundin Anni mit Onkel Fritz, die Nachbarn Adolf und Frieda Heimers. Tochter Anita trägt Trauerkleidung, genau wie Schwiegersohn Werner, dessen Vater wenige Tage vorher plötzlich verstorben war. Tochter Ursula, vorne links knieend, hat ihre Freundin Ruth Mahler eingeladen. Alle haben sich dem Anlass entsprechend besonders gekleidet, dunkle Anzüge und Krawatte die Männer, festliche Kleider die Frauen.

Abb. 1

Die Feiernden haben sich vor der Deelentür des Fachwerkhauses aufgestellt. Es wird ein Gespür für die Besonderheit dieses Tages erkennbar, der mit dieser Gruppenaufnahme festgehalten werden soll. Es fehlen auffallend zwei Personen auf diesem Foto: meine Schwester Annemarie, die gerade erst vor zweihalb Monaten geboren wurde, und Uroma Sophie Wessel, die Mutter des Silberbräutigams. Sophie war inzwischen so sehr erkrankt, dass sie die weite Reise nicht mehr antreten konnte. Dreieinhalb Jahre zuvor, zu Anitas Hochzeit im Oktober 1948, war sie noch allein von Luttum nach Bielefeld gereist. Ulla hatte damals mit ihr im elterlichen Bett herumgetollt und ganz stolz gerufen: „Ich hab' eine Oma!" Es gibt einen ergreifenden Brief von Sophie Wessel aus diesen späten Maitagen, auf den ich im weiteren Verlauf noch ausführlich zurückkomme.

Insofern war es eine richtige Mehrgenerationenfamilie: Ulla, die jüngere Schwester der Mutter, war bei meiner Geburt gerade zwölf Jahre alt. Sie schob mich im Kinderwagen oft durch den nahen Meierpark. Mit ihr teilte ich später über Jahre die nur notdürftig ausgebaute Kammer auf dem Dachboden. In dem großfamiliären Umfeld fühlte ich mich gut aufgehoben. Immer war jemand da, der sich kümmert. Mit dem Opa durfte ich „aufs Land" mitgehen, den gepachteten Acker südlich des großen Grundstücks, zur Langen Straße hin. Ich pflanzte Bohnen und warf den Hühnern Regenwürmer hin, die beim Umgraben freigelegt wurden.

Eine Aufnahme der jungen Familie aus dem Jahr 1953 zeigt Anita und Werner mit ihren beiden Kindern Heiner und Anne (Abb. 2).

Im Sommer stand neben dem Hühnerhof eine Zinkwanne, in die die Mutter Wasser eingefüllt hatte. Darin konnten wir Kinder planschen – ein kleiner, privater Pool. Geliebt habe ich die alte Holzschubkarre des Großvaters, nicht weniger die staubige Zeltplane mit olivgrünen und schwarzen Tarnflecken, die der Großvater aus der Gefangenschaft mitgebracht hatte. Im ersten Schuljahr musste ich einmal das Lied „Ich bin das ganze Jahr vergnügt/ Im Frühling wird das Feld gepflügt" auswendig lernen. Als ich es konnte, stürmte ich hinaus in den Sonnenschein, zur Bank vor dem Hühnerstall, um es der Mutter aufzusagen.

Abb. 2

Es gibt weitere unscharfe Erinnerungsfetzen aus der frühen Kindheitsphase. Ich spielte oft mit meiner Schwester draußen auf dem Hof. Dort gab es auch zwei Plumpsklos nebeneinander, links von der Garage. Auf Abb.3 stehe ich mit meiner Schwester Anne davor, beide mit bloßen Beinen, sie in Pumphosen, ich mit Lederhose, die ich gefühlt das ganze Jahr über angehabt habe.

Abb. 3

Auf dem Plumpsklo putzte man sich den Po mit kleingeschnittenem Zeitungspapier ab. Der Abtritt war auch für die Mieter im alten Haus da. Es stank nach Fäkalien und Urin. Einmal im Jahr kam ein Kübelwagen, der den Pütt leerpumpte. Mitte der fünfziger Jahre wurde das Garagengebäude mit dem Plumpsklo abgerissen und durch einen gewerblichen Neubau ersetzt, in den die Wäscherei Müller einzog. Gebaut wurde das neue Gebäude am Wochenende in Eigenarbeit. Der älteste Bruder des Vaters, Erich, von Beruf Maurer, packte mit an. In späteren Jahren sah ich ihn manchmal in seiner Maurerkluft auf dem Rad durch Sudbrack fahren. Familiäre Kontakte gab es sonst keine mit ihm.

Mit seinem Fiat fuhr Herr Müller in Gellershagen herum und sammelte die Schmutzwäsche ein, die in großen Trommelmaschinen gewaschen wurde. Bei schönem Wetter trocknete man die Wäsche hinten, „auf der Weide", wie es hieß. Dort flatterte sie weiß und bunt im Sonnenschein, und wenn ein Regenschauer kam, musste sie schnell von der Leine genommen werden. Mit dem Bau der Wäscherei wurden im alten Fachwerkhaus zwei moderne Toilettenbäder eingerichtet, eine größeres mit Wanne für die Bewohner des Vorderhauses, also Großeltern und Eltern; und ein kleineres für die Mieter des Altbaus. Zum Duschen und Baden ging man zuvor einmal in der Woche in die öffentliche Badestelle in der Volksschule nebenan.

Mit der Wäscherei auf dem Grundstück vollzog sich für meine Großmutter eine Wende. Bis dahin klagte sie immer wieder über Asthma. Als sie begann, in der Wäscherei mitzuarbeiten – zunächst stundenweise und für zwei Mark die Stunde – verschwanden ihre gesundheitlichen Probleme – sie war damals gerade fünfzig Jahre alt – wie von selbst. „Die feuchte Luft in der Wäscherei hat sie geheilt", hieß es. Ich sehe heute einen anderen möglichen Zusammenhang. Nach der Rückkehr ihres Mannes aus Krieg und Gefangenschaft 1947 zogen zunehmend alte patriarchale Strukturen wieder ein. In den Kriegs- und Nachkriegsjahren war sie eine weitgehende Freiheit und Selbstbestimmtheit gewohnt – wenn auch im Rahmen der harschen Bedingungen von Diktatur, Bombenkrieg und Mangel. Mit der Rückkehr des Mannes und einer zunehmenden Normalisierung der Lebensbedingungen erlebte Anna die wiederhergestellten Verhältnisse womöglich als beengend. Sie war es, die die Idee entwickelte, mit dem Geld, das sie gespart hatte, dort eine Wäscherei zu bauen. Gegen anfänglichen Widerstand ihres Mannes setzte sie sich durch und begann, dort zu arbeiten. Damit hatte sie wieder eine Aufgabe. Mit der Inhaberin, Frau Müller, und den anderen „Waschfrauen" ergaben sich Gespräche und neue soziale Kontakte. Beim Wäschefalten blieb Zeit, sich auszutauschen. Sie verdiente eigenes Geld und gewann eine gewisse wirtschaftliche Unabhängigkeit. Als Vermieterin der Räumlichkeiten war sie gleichzeitig mehr als nur eine Hilfskraft.

Die Müllers, die die Wäscherei betrieben, kamen, wie man damals sagte, „aus dem Osten". Sie gehörten zu den Millionen Menschen, die am Ende des Krieges aus den deutschen Ostgebieten vertrieben wurden. Einige Jahre später gewann einer ihrer drei Söhne einen innerschulischen Wettbewerb, um mit dem American Field Service für ein Schuljahr in die USA zu gehen. Zu der Zeit ging ich wohl noch zur Grundschule. Ich wusste noch nicht viel von der Welt, aber Amerika – das machte mir Eindruck, und ich erinnere mich an den Wunsch: da will ich auch mal hin!

Eine andere, viel frühere Szene aus der Jöllenbecker Straße, Mitte der fünfziger Jahre: ich spielte auf dem braunen Linoleumfußboden der Küche mit einem kleinen Spielzeugauto: war es ein grünweißer Mercedes mit einer Fischgräte als Antenne? In dem braunen Kachelofen, der gleich rechts hinter der Tür stand, schmirgelte ein Kohlenfeuer vor sich hin und spendete behagliche Wärme. Draußen regnete es; dann plötzlich Unruhe und Aufregung. Ich bekam mit, dass der Vater einen Verkehrsunfall hatte, gar nicht weit von zuhause. Beim Überqueren der Jöllenbecker Straße war er von einem Auto erfasst und verletzt worden. Mit einer Gehirnerschütterung lag er im Klösterchen, dem katholischen Krankenhaus an der Stapenhorststraße. Am Sonntag darauf besuchte ich ihn mit Mutter und Schwester. Fünfzig Jahre später wird er dort in diesem Krankenhaus sterben.

Weitere Erinnerungsfetzen aus dieser Phase: fliehende Scheinwerferschatten auf der Wand des elterlichen Schlafzimmers, wenn ich, noch gar nicht müde, zu früh schlafen gehen musste. Ich war häufig krank und lag tagsüber im Bett. Der Opa kam die Treppe herauf und besuchte mich: „Na? Wie geht's dem kranken Huhn?" Aus dem Radioapparat der Großeltern in ihrer Wohnküche ertönte zu Beginn der Sendung Zwischen Rhein und Weser eine wunderbare Melodie, die ich viel später als den dritten Satz aus Schumanns Rheinischer Sinfonie wiedererkenne. Dazu die Geburtstagsfeiern mit Heringssalat und Eierlikör, Schafskopp und Zigarren, die Werkstatt am Hühnerhof, das Schwein im Stall und später das geschlachtete Schwein, das zum Ausbluten in der Waschküche aufgeklappt auf einer Leiter hing, die großen Obstbäume und frisch gebackener, köstlicher Zwetschgenkuchen. Auf dem Dachboden entdeckte ich Omas Medizin- und Aufklärungsbücher. Wenn ich etwas ausgefressen hatte, wurde ich zur Strafe in die dunkle Besenkammer gesperrt.

Ich fuhr mit meiner Schwester Anne zusammen auf einem Roller. Als es mir zu schnell wurde, sprang ich ab. Sie stürzte in den Graben, mit der Stirn auf das scharfkantige Rohrende des Lenkers. Aus der klaffenden Wunde zwischen den Augenbrauen strömte Blut. Der Stationsarzt August Pfennig, der im Haus nebenan wohnte, versorgte sie. Mit Jürgen, seinem Sohn, ein Jahr älter als ich, spielte ich gelegentlich. Kein Fernsehen; dafür war das Radio wichtig. Das Siegesgebrüll im Finale der Fußball-WM 1954 erinnere ich dunkel. Wichtiger war mir im Kinderfunk Kalle Blomquist, der Meisterdetektiv. Es gab erste Wahrnehmungen von Krisen und Instabilitäten in der Ehe der Eltern und ein „Fräulein Schröder".

Wenn ich heute die inneren Bilder aus der frühen Kindheit aufrufe, geht das mit mal Freud', mal mit Schmerz einher. Aber was erzählen sie jenseits von bunten Details des Alltagslebens in den fünfziger Jahren? Was erklären sie? Wofür stehen sie? Jenseits dieser kleinen Episoden drängt es mich zu einer grundsätzlicheren Einschätzung dieser Phase der ersten siebeneinhalb Lebensjahre, ist doch davon auszugehen, dass diese Eindrücke und Erfahrungen prägend waren.

Zuwendung und Unwissenheit

Zuwendung, einfache Verhältnisse, Unwissenheit und wenig Bildung, die unsichtbare Hypothek durch das Dritte Reich und eine beschwiegene Vergangenheit, eine Gleichzeitigkeit von Instabilität (durch die prekäre Beziehung der jungen Eltern) und Stabilität durch großfamiliäres Eingebundensein; Glücksmomente beim Spiel in dem großen Garten; die Entwicklung zu dem bescheidenem Komfort eines Badezimmers mit WC – das sind einige Schlaglichter aus frühen Kindheitsjahren. Mit dem Umzug in ein neu gebautes Reihenhaus in der Siedlung Kipps Hof begann im Sommer 1958 ein neuer Lebensabschnitt.

Gab es mehr als ein halbes Dutzend Bücher in diesem Haus? Meine Tante Ulla schenkte mir 1958 mein erstes Buch – zum achten Geburtstag: eine für Kinder und Jugendliche reich illustrierte Ausgabe von Daniel Defoes *Robinson Crusoe*. Ulla las; sie war Mitglied im Lesering Bertelsmann. Ich verschlang das Buch geradezu und ließ mich in andere Welten entführen. Eine bessere Wahl hätte sie nicht treffen können. Das Buch steht bis heute als gehüteter Schatz in meiner Bibliothek.

Mit Dankbarkeit sehe ich heute, dass mir durch die Mutter, die Großeltern und die Tante viel Aufmerksamkeit und Zuwendung zuteilwurden. Das hat vermutlich dazu beigetragen, dass ich ein relativ stabiles, von Zuversicht getragenes emotionales Fundament habe ausbilden können. Aus heutiger Perspektive wird deutlich: ich wurde in die Mangelsituation einer Nachkriegszeit hineingeboren, im Schatten der größten Katastrophe des 20. Jahrhunderts. Dieses Land hatte einen Weltenbrand entfacht. Die Alliierten mussten gewaltige Opfer aufbringen, um es von der Diktatur der Nazis zu befreien. Zum Zeitpunkt meiner Geburt hatte freilich mit einer neuen Währung und einem neuen demokratisch verfassten Staat die Wende zum Besseren schon eingesetzt. Und so einfach die Verhältnisse auch waren: als (wenn auch kleiner) Beamter und Eigentümer einer Liegenschaft mit Vermietungen und großem Grundstück fühlten sich die Eltern der Mutter als „etwas Besseres".

Wie Zuneigung und Unwissenheit zusammen gehen können, dokumentiert der Status meiner Zahngesundheit bis heute. Ich wurde als kleiner aufgeweckter Junge der Augenstern meines Großvaters. Der kam aus Krieg und

Gefangenschaft zurück nach Hause und erlebte an dem kleinen Sohn der Tochter die Freuden eines Großvaters, der eine neue, unbelastete Generation im Wachsen und Werden begleitete. Er selbst war körperlich heil aus Krieg und Gefangenschaft heimgekehrt und gerade fünfzig geworden. Oft durfte ich mit ihm in den Garten oder auch „aufs Land“, konnte dort im Lehm spielen und helfen, Kartoffeln zu pflanzen. Wie jedes Kind sprang ich auf Süßigkeiten an. Die gab es in dem Kiosk auf der gegenüberliegenden Seite der Jöllenbecker Straße bei Anna Kipp. Dorthin gingen Großvater und Enkel zusammen: der eine kriegte eine Zigarre, Marke Handelsgold zu 30 Pfennig das Stück, der andere einen Dauerlutscher oder eine Lakritzschnecke für fünf oder zehn Pfennig. Beide mussten für das Vergnügen einen weiteren Preis zahlen: der Großvater mit frühem Tod durch Schlaganfall nur ein halbes Jahr nach seiner Pensionierung, der Enkel mit grassierender Zahnfäulnis. Zähneputzen war offenbar in der Familie ein Fremdwort. Auf einem frühen Farbfoto aus der Kindergartenzeit bin ich neben meiner Schwester Anne zu sehen: mit durchweg von Karies zerfressenen schwarzen Milchzähnen. Die bildeten eine denkbar schlechte Basis für die bleibenden Zähne. Ein Sturz auf dem eisernen Klettergerüst der Grundschule, die damals noch die „Gellershagener Volksschule“ hieß, sollte zu einer weiteren Hypothek für mein Gebiss werden.

Als eine der Schlüsselpersonen für meine Entwicklung kann mithin mein Großvater mütterlicherseits gelten. In seinem Haus erlebte ich die ersten Lebensjahre. Er war mir Namens- und Taufpartner. Er kümmerte sich liebevoll um mich. Ich verbrachte viel Zeit mit ihm. Viel später erst begann ich mich zu fragen, was es mit dem Foto von ihm in Uniform auf sich hatte, das in einem schmalen Silberrahmen in der Glasvitrine der großelterlichen Wohnküche stand: war da nicht ein Totenkopfemblem auf der Kappe?

Jetzt habe ich die Büchse der Pandora geöffnet. Ich bin auf der Suche nach Hinweisen, die mir helfen, das Leben und Werden meines Großvaters zu verstehen. Es gibt in meinem Aktenschrank eine Hängemappe mit dem Reiter seines Namens. Seit seinem hundertsten Geburtstag 2001 habe ich in dieser Mappe Materialien gesammelt, die ich von der Mutter und ihrer Schwester bekommen habe. Ich öffne die Mappe und sehe vor mir einen Stapel von Dokumenten und Fotos, manche mehr als hundert Jahre alt. Vieles bleibt auf den ersten Blick rätselhaft: wer auf den alten braunstichigen Fotos zu sehen ist, wann und wo die Aufnahme gemacht wurde. Es gibt Tauf-, Geburts- und Sterbebescheinigungen, aber auch einzelne Briefe, alle in schwer leserlicher Sütterlinschrift verfasst. Ich sichte das Material und suche nach Hinweisen auf die Frage, was meinen Großvater Heinrich Wessel beeinflusst und geprägt hat.

Kapitel 2
Militärisch geschlagen, politisch des Irrtums überführt – der Großvater Heinrich Wessel

Das Foto des Großvaters mit dem Totenkopfemblem auf der Mütze: es sagte mir wenig, solange ich Kind war. Als politisch interessierter Schüler nahm ich es bewusster, wenn auch zunächst noch ohne jeden Argwohn wahr. Ihn selbst konnte ich nicht mehr danach fragen. Während meines ersten Aufenthalts in England, im Sommer 1966, verstarb er unerwartet. Um Leben und Werden meines Großvaters nachzuzeichnen und wenigstens im Ansatz zu verstehen, gehe ich zurück in seine Kindheit. Ich finde mich zeitlich im Ersten Weltkrieg wieder und geographisch in Luttum, einem Dorf bei Verden an der Aller.

Der Krieg als großes Spiel

Heinrich, mein Großvater, war gerade dreizehneinhalb, als der Erste Weltkrieg begann, also mitten in der Pubertät und damit in einem Alter, in dem das Wachs der Persönlichkeitsentwicklung besonders weich ist. Sein Heimatdorf Luttum und die nächste Kreisstadt Verden an der Aller liegen weitab vom Schuss, in tiefster niedersächsischer Provinz. Für diesen abgelegenen Ort könnte gelten, was Sebastian Haffner in seinen Erinnerungen als die große Gefahr des Landlebens in Deutschland vermutet hat: Leere, Langeweile und ein Wunsch nach Erlösung. Wenig taugte dazu besser als die Teilnahme an einem Massenrausch.[1]

Sich aus heutiger Sicht eine Welt vorzustellen, in der der eigene Großvater Kind war, sich die Bedingungen und Einflüsse zu vergegenwärtigen, die ihn geprägt haben: das ist nach mehr als hundert Jahren schwer. Mir kommt eine zufällige Lesefrucht zur Hilfe, auf die ich in dem Münsteraner Café Pension Schmidt beim Schmökern stoße. Nirgends sonst habe ich eine so treffliche Beschreibung des subjektiven Erlebens der Kriegsgeschehnisse aus Sicht eines Heranwachsenden gelesen, wie bei Sebastian Haffner in seiner *Geschichte eines Deutschen – Erinnerungen 1914–1933*. Der Autor gehört dem Jahrgang 1907 an. Er ist also nur einige wenige Jahre jünger als mein Großvater Heinrich, Jahrgang 1901. Da vom Großvater keine Erinnerungen an seine Jugendzeit vorliegen, behelfe ich mich mit denen von Haffner, die mir zu einem Teil charakteristisch für diese Generation der kurz nach der Jahrhundertwende Geborenen zu sein scheinen. Haffner schreibt:

Kein Zweifel! Ein Krieg brachte auch viel Erfreuliches mit sich. In den nächsten Tagen lernte ich unglaublich viel in unglaublich kurzer Zeit. […] ich wusste alsbald, als hätte ich es immer gewusst, ganz genau nicht nur das Was, Wie und Wo des Krieges, sondern sogar das Warum. Ich wusste, dass am Kriege Frankreichs Revanchelüsternheit, Englands Handelsneid und Russland Barbarei Schuld waren – ganz geläufig konnte ich diese Worte alsbald aussprechen. […] Ich lernte die Namen von Heeresführern, die Stärke von Armeen, die Bewaffnung mit naiver Lust und ohne eine Spur von Zweifel oder Konflikt, die Auswirkungen der seltsamen Begabung meines Volkes, Massenpsychosen zu bilden. […] Ich hatte keine Ahnung, dass es überhaupt möglich sein könnte, bei einer solchen festlich-allgemeinen Raserei sich auszuschließen.

Ich kam auch nicht im entferntesten auf den Gedanken, dass etwas Schlimmes oder Gefährliches an der Sache sein könnte, die so offensichtlich glücklich machte und so unalltägliche Rauschzustände verschenkte.[2]

Und er fährt fort:

Tatsächlich war ich damals, als Kind, ein Kriegsenthusiast, wie man ein Fußballenthusiast ist. Ich würde mich schlechter machen, als ich war, würde ich behaupten, dass ich wirklich ein Opfer der eigentlichen Hasspropaganda gewesen wäre, die während der Jahre 15 – 18 die erlahmende Begeisterung der ersten Monate hochpeitschen sollte. Ich hasste die Franzosen, Engländer und Russen so wenig wie der Portsmouth-Anhänger die Leute von Wolverhampton „hasst". Selbstverständlich wünschte ich ihnen Niederlage und Demütigung, aber nur weil sie die unvermeidliche Kehrseite von Sieg und Triumph meiner Partei waren.

Was zählte, war die Faszination des kriegerischen Spiels, eines Spiels, in dem nach geheimnisvollen Regeln Gefangenzahlen, Geländegewinne, eroberte Festungen und versenkte Schiffe ungefähr die Rolle spielten wie Torschüsse beim Fußball oder Punkte beim Boxen. Ich wurde nicht müde innerlich, Punktetabellen zu führen. Ich war eifriger Leser der Heeresberichte, die ich nach eigener Art umrechnete nach wiederum irrationalen, sehr geheimnisvollen Regeln, in denen zum Beispiel zehn gefangene Russen einen gefangenen Franzosen oder Engländer wert waren, oder 50 Flugzeuge einen Panzerkreuzer.

Es war ein dunkles geheimnisvolles Spiel, von einem nie endenden, lasterhaften Reiz, der alles auslöschte, das wirkliche Leben nichtig machte, narkotisierend wie

Roulette oder Opiumrauchen. Ich und meine Kameraden spielten es den ganzen Krieg hindurch, vier Jahre lang, ungestraft und ungestört – und dieses Spiel, nicht die harmlosen 'Kriegsspiele', die wir nebenbei auf Straßen und Plätzen aufführten, war es, was seine gefährliche Marken in uns allen hinterlassen hat.[3]

Haffner stellt die offensichtlich inadäquaten Reaktionen eines Kindes auf den Weltkrieg deshalb so ausführlich dar, weil er in seinem Fall eben keinen Einzelfall sieht, sondern weil eine ganze Generation in Deutschland in ihrer Kindheit und frühen Jugend auf diese Weise Krieg erlebt und dadurch geprägt wird.

Der Krieg als großes aufregend-begeisterndes Spiel der Nationen, das tiefere Emotionen und lustvollere Unterhaltung beschert als irgendwas, was der Frieden zu bieten hat: das war von 1914 bis 1918 die tägliche Erfahrung von zehn Jahrgängen deutscher Schuljungen, und das ist die positive Grundvision des Nazitums geworden. Von dieser Vision her bezieht es seine Werbekraft, seine Simplizität, seinen Appell an Phantasie und Aktionslust; und von ihr bezieht es ebenso seine Intoleranz und Grausamkeit gegen den innenpolitischen Gegner: weil der, der dieses Spiel nicht mitmachen will, gar nicht als „'Gegner' anerkannt", sondern als Spielverderber empfunden wird. Schließlich bezieht es von ihr seine selbstverständlich kriegsmäßige Einstellung gegen den Nachbarstaat: weil jeder andere Staat wiederum nicht als Nachbar anerkannt wird, sondern nolens volens Gegner zu sein hat. Sonst könnte das ganze Spiel nicht stattfinden.[4]

Ich halte mir selbst den roten Faden meiner Überlegungen vor Augen. Ich gehe der Frage nach, wie es kommen konnte, dass mein Großvater Heinrich Wessel, „ein herzensguter Mann, der keiner Fliege was zuleide tun kann", wie ihn mein Vater charakterisiert hat, „ein Mann aus gutem Holz" (Tochter Ulla), der mir ein liebevoller Großvater war, dass dieser Mann, der den Taumel des Ersten Weltkriegs als Jugendlicher erlebte, sich im Zweiten Weltkrieg mit einem Emblem ablichten ließ, das der SS zugeschrieben ist. Sebastian Haffner, der nur wenige Jahre jünger war als er, bietet dafür eine plausible Erklärung an.

Vieles hat dem Nazismus später geholfen und sein Wesen modifiziert. Aber hier liegt seine Wurzel: nicht etwa im „Fronterlebnis", sondern im Kriegserlebnis des deutschen Schuljungen. Die Frontgeneration hat ja im ganzen wenig echte Nazis geliefert und liefert heute noch im Wesentlichen die „Nörgler und Meckerer"; sehr verständlich, denn wer den Krieg als Wirklichkeit erlebt hat, bewertet ihn meistens anders. […] Die eigentliche Generation des Nazismus aber sind die in der Dekade 1900 bis 1910 Geborenen, die den Krieg, ganz ungestört von seiner Tatsächlichkeit, als großes Spiel erlebt haben.[5]

Mehr als hundert Jahre später weiß ich heute nicht, was der junge Heinrich damals gemacht, gedacht und gefühlt hat. Die Vermutung liegt freilich nahe, dass sich das unter der alles bestimmenden Vorgabe eines menschenverschlingenden Weltkriegs in dem ländlichen Luttum nicht viel anders dargestellt als das, was der beinahe gleichaltrige Sebastian Haffner für Berlin beschreibt:

Ich konnte mir einen Tag ohne Heeresbericht nicht mehr vorstellen. Ein solcher Tag hätte auch seinen Hauptreiz entbehrt. Was bot denn der Tag sonst schon? Man ging zur Schule, man lernte Schreiben und Rech-

nen [...], man spielte mit Freunden. Aber war das ein Lebensinhalt? Was dem Leben Spannung und dem Tag seine Farbe gab, waren die jeweiligen militärischen Ereignisse. War eine große Offensive in Gang, mit fünfstelligen Gefangenenzahlen und gefallenen Festungen und „unermesslicher Ausbeute an Kriegsmaterial", dann war Festzeit, man hatte unendlichen Stoff für die Fantasie und das Leben ging hoch, ganz ähnlich, wie später, wenn man verliebt war. Waren nur langweilige Abwehrkämpfe, „im Westen nichts Neues" oder gar „planmäßig durchgeführter strategischer Rückzug", dann war das ganze Leben angegraut, die Kriegsspiele mit den Kameraden ohne Reiz und die Schularbeiten doppelt langweilig.

Jeden Tag ging ich zu einem Polizeirevier, ein paar Straßenecken von unserer Wohnung. Dort war an einem schwarzen Brett der Heeresbericht angeschlagen, schon mehrere Stunden, ehe er in der Zeitung stand. [...] Ich musste mich auf die Zehenspitzen stellen, um alles zu entziffern. Ich tat es geduldig und voller Hingabe, jeden Tag. [...] Ich wartete mit einer gewissen wilden und doch zagen Spannung auf den Endsieg: dass er einmal kam, war unvermeidlich. Fraglich war nur, was das Leben danach noch zu bieten haben konnte.[6]

Kurze Zeit später war deutlich geworden: im November 1918 wartete kein Sieg, sondern Kapitulation, Novemberrevolution, Abdankung des Kaisers und der Vertrag von Versailles. Heinrich war zu dem Zeitpunkt des Waffenstillstands am 11.11.18 siebzehn Jahre alt und in dem ländlichen Luttum am Ende eines zehrenden Krieges vermutlich ohne geregelte Ausbildung und Arbeitsstelle. Es herrschten Mangel und Hunger. Heinrich hatte noch zwei jüngere Geschwister, die es zu ernähren galt, Dora, geboren am 5.Dezember 1903, und Johann, der am 28. Juli 1908 geboren wurde. Der älteste Sohn Gerd, am 11. Oktober 1894 geboren, war gefallen. Der ältere Bruder Hermann (5.4.98 geboren) wird wie mein Urgroßvater beim Militär gewesen sein. Er wird im Zuge meiner weiteren Recherchen noch einmal kurz aufscheinen.[6a]

Der Vertrag von Versailles beließ Deutschland als Staat zwar bestehen, erzwang jedoch erhebliche Gebietsabtretungen: Elsass-Lothringen an Frankreich, Nordschleswig an Dänemark, Eupen-Malmedy an Belgien, Oberschlesien und ein Teil Ostpreußens an Polen. Das Memelland wurde ebenso wie das Saarland dem Völkerbund unterstellt, 1923 aber von Litauen besetzt und annektiert. Militärisch wurden Deutschland weitgehende Beschränkungen auferlegt: das Rheinland demilitarisiert; der große Generalstab aufgelöst, eine allgemeine Wehrpflicht abgeschafft; eine Luftwaffe ebenso verboten wie schwere Waffen wie Panzer, U-Boote und Schlachtschiffe. Zugestanden wurde eine Berufsarmee mit einer maximalen Mannschaftsstärke von 100.000 Mann und 4.000 Offizieren. Darüber hinaus wurde das Land zu hohen Geld- und Sachleistungen (Reparationen) gezwungen, die mit einer Alleinschuld von Deutschland am Ersten Weltkrieg begründet wurde. Die Interessen der Alliierten waren nicht deckungsgleich. Großbritannien wollte eine hegemoniale Großmacht in Europa verhindern; den USA ging es um einen freien Welthandel, und Frankreich wollte um jeden Preis eine nachhaltige Schwächung Deutschlands, um jegliche Gefahr für sich in Zukunft auszuschließen. Einzelne Historiker beschreiben als Ziel Frankreichs eine Demütigung Deutschlands für die Reichsproklamation 1871.[6b] Die Kaiserkrönung hatte in Frankreich zu ungeheuren Verwerfungen geführt, u.a. die Dreyfus-Affäre als Effekt. Ein Defilée der „gueules cassées" während der Friedensverhandlungen – Veteranen mit zerschossenen „Fressen" – sollte die Demütigung rechtfertigen. Einig waren sich die drei Mächte freilich darin, dass das Deutsche Reich, das sich nach Abdankung des Kaisers als Weimarer Republik eine neue Verfassung gegeben hatte, einen hohen Preis zahlen sollte. Damit freilich untergruben sie Demokratie und Rechtsstaat in der jungen Republik, was bald katastrophale Konsequenzen hatte.

Am 1. Januar 1921 wurde in Minden das 6. Preußische Artillerie-Regiment aufgestellt. In Minden waren der Regimentsstab und die zweite Abteilung stationiert; die vierte Abteilung in Verden an der Aller. Ich bringe diese dürren Fakten in Erinnerung, um den Hintergrund für Heinrich Wessels Zeit beim Militär zu beleuchten. Was kann ich darüber herausfinden?

Das 6. Preußische Artillerie-Regiment

Mir hilft ein Bierpokal. Er stand bei den Großeltern in der Jöllenbecker Straße im Flur, auf einem Bord links über den Stufen zur Waschküche. Heute hat er einen Platz in unserer Küche neben Teedosen und Tierkalendern. In der Widmung ist zu lesen: „Dem scheidenden Kameraden Heinrich Wessel – Die UNTFFZ-Vereinigung des Stabes und der II. Abteilg 6. Preuss. Artill.Regmts". Damit habe ich einen Ansatzpunkt: die II. Abteilung des 6. Preußischen Artillerieregiments, deren Unteroffiziersvereinigung ihm zum Abschied einen Bierpokal mit Widmung übergibt.

Eines fällt bei einer ersten Recherche über diese Einheit des Reichsheeres auf: als kommandierende Offiziere tauchen die Namen von Männern auf, die im Dritten Reich höchste Funktionen erreichten. Oberstleutnant Walther von Brauchitsch stand dem Regiment von 1926 bis 1927 vor. Er wurde im Dritten Reich Generalfeldmarschall und von 1938 bis 1941 Oberbefehlshaber des Heeres. Oberstleutnant Wilhelm Keitel führte das Regiment vom 1.11.27 bis 1.10.29. Er wurde nach Hitlers Selbstmord Ende April 1945 zum Nachfolger des Führers bestimmt und unterzeichnete am 8.5.45 die bedingungslose Kapitulation.

Ich nehme eine kleine Abschweifung auf die Biographie Keitels an dieser Stelle vor, erlaubt dieser Exkurs doch interessante Einblicke in das Denken und Handeln von Offizieren des Militärs Ende der zwanziger Jahre und ihre spätere Verstrickung mit der NSdAP, der Nationalsozialistischen Deutschen Arbeiterpartei. Nach seiner Funktion als Kommandeur im 6. (Preuss.) Artillerie-Regiment wurde Keitel ins Reichswehrministerium versetzt, wo er den illegalen Ausbau der Reichswehr vorantrieb, um im Falle eines nationalen Notstands die Reichswehr von 10 auf 30 Divisionen aufzustocken. Im Oktober 1933 kehrte

Abb. 4

er als Artillerieführer III in den Truppendienst zurück. Wie jeder andere Offizier der Reichswehr hatte Keitel politisch neutral zu sein. Er sympathisierte aber erkennbar mit den Nationalsozialisten. Von einer Begegnung mit Hitler im Juli 1933 und dessen Rede auf dem Tempelhofer Feld zeigte er sich beeindruckt. Später erhielt er das goldene Parteiabzeichen der NSDAP und wurde durch dessen Annahme zum Parteimitglied.

Im Zweiten Weltkrieg, lese ich bei Wikipedia, war Keitel als Chef des Oberkommandos der Wehrmacht (OKW) in alle Entscheidungen eingebunden; er agierte aber hauptsächlich als Erfüllungsgehilfe Hitlers. Nach seiner Ernennung zum Generalfeldmarschall 1940 sah Keitel es als seine Aufgabe an, Hitlers Entscheidungen bedingungslos zu unterstützen und ihm zuzuarbeiten, etwa beim Kommissarbefehl vom 6. Juni 1941. In der Forschung wird die Dienstbeflissenheit und Willfährigkeit gegenüber Hitler hervorgehoben. Im Offizierskorps genoss er dafür wenig Respekt, wie sein Spitzname „Lakaitel" anzeigt. Als Chef des OKW war es Keitels Funktion, Hitlers völkerrechtswidrigen Weisungen mit seiner Unterschrift Befehlskraft zu verleihen. Die Anweisungen zur Ausrottung der polnischen Eliten etwa trug er widerspruchslos mit und verteidigte sie gegenüber Kritikern. Nach dem Überfall der Wehrmacht auf die Sowjetunion befahl Keitel im Juli 1941, die eroberten Gebiete dem Reichsführer SS zu überstellen. Damit schuf er Voraussetzungen für die Massenerschießungen von Juden und politischen Kommissaren, die die Einsatztruppen der SS ab 1941 im rückwärtigen Heeresgebiet verübten.

In den Nürnberger Prozessen wurde Keitel schuldig gesprochen, persönlich beigetragen zu haben zur Planung eines Angriffskrieges, zu schweren Kriegsverbrechen wie dem Kommandobefehl, dem Kommissarbefehl, dem Sühnebefehl, dem Nacht- und Nebelerlass und der Ermordung von Kriegsgefangenen. Keitel war wesentlich verantwortlich für die Verstrickung der Wehrmacht in die verbrecherischen Aktionen des NS-Regimes. Er wurde zum Tod durch den Strang verurteilt und am 16. Oktober 1946 im Nürnberger Justizgefängnis hingerichtet.

Warum dieser Exkurs über Keitel, einen vormaligen vorgesetzten Offizier, der bis zum Nachfolger des Führers aufsteigt? Keitels Lebensweg zeigt exemplarisch, wie bereitwillig militärische Führer der Reichswehr der Weimarer Zeit sich später dem Nationalsozialismus zur Verfügung stellten und wie willfährig sie den mörderischen Anweisungen Hitlers folgten. Um nicht missverstanden zu werden: diesen Weg gehen nicht alle, aber viele. In jedem Fall wirft er ein Licht auf Atmosphäre, Haltungen, Stimmungen und Ausbildungsinhalte der Reichswehr der Weimarer Republik. Die tonangebenden Offiziere standen der jungen Demokratie mehrheitlich skeptisch, ja feindlich gegenüber. Sie verabscheuten – aus zunächst durchaus verständlichen Gründen – die Bestimmungen des Diktatfriedens von Versailles, wurden darüber aber zu einem Hort der Fortführung von militaristischen Traditionen des untergegangenen Kaiserreichs, dem man nachtrauerte.

Vom Jüngling zum Feldwebel – eine Fotogeschichte

Zurück zu meinem Großvater und Namenspaten Heinrich Wessel: im Januar 1921 meldet er sich zum neu aufgestellten Militär und wird Rekrut des 6. Preußischen Artillerieregiments. Einer der Ausbildungsstandorte des neu aufgestellten Regiments ist Verden an der Aller, das gerade einmal sechs Kilometer von seinem Dorf Luttum entfernt ist.

Mir liegen einige wenige Fotos aus Heinrichs Militärzeit in den zwanziger Jahren vor, einige in dem zeittypischen bräunlich-grauen Sepiaton, Einzel- und Gruppenaufnahmen. Ich suche nach Hinweisen auf der Rückseite, um sie zeitlich und örtlich zuzuordnen. Da gibt es das im Fotoatelier von August Köhne in Verden aufgenommene Bild, wahrscheinlich aus dem Jahr 1921 (Abb. 4): der junge Rekrut in schmucker, gut sitzender Uniform, lässig das rechte Bein vor das linke Standbein gekreuzt, den Arm leicht und doch entschieden angewinkelt, eine nicht angezündete Zigarette zwischen Zeigefinger und Mittelfinger, an der linken Hüfte eine Reitpeitsche. Die Augen blicken wach und aufmerksam; leicht verschüchtert noch der Gesichtsausdruck, nicht unfreundlich; mit sich andeutendem Oberlippenbärtchen; die Gesichtszüge glatt und noch deutlich von Jugendlichkeit geprägt.

Abbildung 5 zeigt vier Männer in Uniform mit zwei Pferden, vor einem Pferdestall. „Munsterlager, 4. September 1921 – Fahrabteilung 2/6" ist unten links zu lesen. Der zweite rechts ist Heinrich Wessel. Auf seinem Ärmel prangt das V-Zeichen, das ihn als Obergrenadier ausweist. Er trägt Sporen und um den Leib geschnallt einen ledernen Patronengürtel. Ein leichtes Lächeln huscht über sein Gesicht, als der Fotograf abdrückt. Den rechten Arm hat er leicht in die Mähne des Pferdes zu seiner Rechten gelegt, die Beinhaltung gleich lässig wie auf dem anderen Foto.

Abb. 5

Aus derselben Zeit, so vermute ich, eine Gruppenaufnahme von acht jungen Männern im Turndress der damaligen Zeit (Abb. 6): mit kurzen Hosen in Weiß, die bis zu den Knien reichen, mehrheitlich in weißem Turnhemd, alle mit denselben schwarzen Turnschuhen. Heinrich ist der vierte von links, also fast in der Mitte, wo er als größter der Gruppe steht. Der Mann ganz links scheint der Lehrer, Chef oder Vorgesetzte zu sein; er ist deutlich älter. Auffallend ist der Hintergrund: ein städtisches Gepräge, ein Kirchplatz mit großen Bäumen, Bürgerhäusern im Hintergrund und dem Seitenschiff einer Kirche. Für einen militärischen Ausbildungskontext vermittelt die Aufnahme einen überraschend lockeren Eindruck.

Abbildung 7 zeigt Heinrich im Sattel, in Uniform und mit Dienstmütze; auch auf dieser Aufnahme aus den frühen Zwanzigern lächelt ein jugendliches, freundliches Gesicht, nicht ohne ein wenig Stolz, so hoch zu Pferde. Auch zwei weitere Aufnahmen (Abb. 8, 9) wahrscheinlich zu gleicher Zeit aufgenommen, zeigen Heinrich Wessel auf dem Pferderücken. Aufmerksam schaut er in die Fotolinse.

Abb. 6

Abb. 7

Abb. 8

Die Abb. 9, mit einem Vorgesetzten offenbar, trägt auf der Rückseite ein Datum und eine Widmung in gestochen schöner Sütterlinschrift:

Dir mein liebes Dörchen	Gefr. H. Wessel
Zur steten Erinnerung	Hannover
Dein Heinz	Ballinstr. 15

Abb. 9

Abb. 10

Foto und Widmung werden fünf Tage vor Heinrichs Hochzeit mit Anna Stein verfasst. Dörchen ist die knapp zwei Jahre jüngere Schwester Dora, die er so liebevoll anspricht. Ernst, doch freundlich und sympathisch wirkt Heinrich auch auf der Aufnahme, die ihn als Vorgesetzten mit vier Rekruten und einem Hund am Weihnachtsfest zeigt (Abb.10).

Freundlichkeit und sympathische Anmutung sucht man auf Fotos aus den Jahren danach vergebens. Die Abbildung 11 zeigt den jungen Mann mit Handschuh und Degen in Ausgehuniform und den Oberarmdienstrangabzeichen des Obergrenadiers. Der hohen steifen Uniformmütze entspricht ein kühler harter Blick.

Die Aufnahme 12 schätze ich auf das Jahr 1928 oder 1929. Sie zeigen Heinrich in Mantel und Lederstiefeln mit fünf anderen Offizieren, in der behandschuhten Hand am Koppel eine Zigarre oder Zigarette haltend. In Abb. 13 sitzt er in einer Gruppe von insgesamt zwanzig Offi-

Abb. 11

ziers- und Unteroffizierskameraden beim Zechen. Jeder hält einen halb ausgetrunkenen, großen Bierkrug in der Hand. In der hinteren Reihe hat offenbar jemand einen Witz gemacht. Man lacht; nicht so Heinrich (siehe Pfeil).

Abb. 12

Der schaut ernst zur Seite. Die erkennbaren Dienstgradabzeichen bezeichnen Unterfeldwebel und Feldwebel. Vier Männer in der ersten Reihe auf dem Boden sitzend zeigen eine überraschende körperliche Nähe. Man ist eng aufeinander gerückt und legt sogar den Arm über die Schulter des Nachbarn. Nicht so Heinrich: Er hält Abstand zu den Kameraden.

Die Aufnahme 12 schätze ich auf das Jahr 1928 oder 1929. Sie zeigen Heinrich in Mantel und Lederstiefeln mit fünf anderen Offizieren, in der behandschuhten Hand am Koppel eine Zigarre oder Zigarette haltend.

In Abb. 13 sitzt er in einer Gruppe von insgesamt zwanzig Offiziers- und Unteroffizierskameraden beim Zechen. Jeder hält einen halb ausgetrunkenen, großen Bierkrug in der Hand. In der hinteren Reihe hat offenbar jemand einen Witz gemacht. Man lacht; nicht so Heinrich (siehe Pfeil). Der schaut ernst zur Seite. Die erkennbaren Dienst-

Abb. 13

gradabzeichen bezeichnen Unterfeldwebel und Feldwebel. Vier Männer in der ersten Reihe auf dem Boden sitzend zeigen eine überraschende körperliche Nähe. Man ist eng aufeinander gerückt und legt sogar den Arm über die Schulter des Nachbarn. Nicht so Heinrich: Er hält Abstand zu den Kameraden.

Zwei postkartengroßen Fotos sind 1929 von dem Fotografen Robert Hannemann aufgenommen, wie ein Stempel auf der Rückseite ausweist (Abb.14 und 15). Auf der Aufnahme vor einem Gedenkstein für gefallene Kameraden sind 26 uniformierte Männer zu sehen, alle in schwarzen Lederstiefeln und mit Schirmmütze. Es sind einzelne Rangzeichen zu erkennen, auch höhere. Auf Heinrichs Arm ist der Rang des Unteroffiziers zu sehen. Er trägt einen kleinen Schnäuzer und schaut in sich gekehrt, vielleicht sogar etwas verträumt und abwesend an der Kamera vorbei.

Abb. 14

Abbildung 15 zeigt die Offiziers- und Unteroffiziersmannschaft des Regiments, annähernd hundert Mann. Im Vordergrund liegt ein großer schwarzer Setter; der höchste Offizier und sein Stellvertreter sind an dem Marschallsstab zu erkennen; der Kommandeur lächelt professionell in die Kamera. Heinrich mache ich als dritten von rechts in der zweiten Reihe aus, weniger dicht gedrängt, also etwas distanzierter als andere auf dem Foto, mit ernster Miene.

Am wenigsten sympathisch ist er mir auf dem letzten Foto aus dieser Zeit, vermutlich Anfang der dreißiger Jahre aufgenommen: ein Einzelfoto des Unterfeldwebels Heinrich Wessel, in nicht sonderlich eleganter Alltagsuniform und, wie auf fast allen Fotos, mit uniformer Schirmmütze. (Abb. 16) Ist es der stechende Blick, ist es der harte Gesichtsausdruck, die mich befremden? Ist der Schnäuzer à la mode des österreichischen Kunstmalers und Autors von *Mein Kampf* ein politisches Statement?

Abb. 15

Abb. 16

Hier steht ein Mann in den frühen Dreißigern, vom Militärdienst geschliffen; einer, der die Härte des Dienstes erlebt und sich zum Unteroffizier hochgearbeitet hat, bereit, jetzt selbst Macht und Befehl auszuüben. Die zeitliche Abfolge der Fotos lässt eine Entwicklungslinie von Heinrich Wessel über zwölf Jahre erkennen: vom eintretenden „unbeschriebenen" Jüngling zum Härte ausstrahlenden Feldwebel.

Dienstbereitschaft und Loyalität

Was hat mein Großvater in den zwölf Jahren beim Militär gelernt? Soviel kann man dazu mit einiger hoher Plausibilität vermuten: Heinrich Wessel lernt die Grundmechanismen militärischer Organisation kennen: die Struktur einer Hierarchie mit strikter Über- und Unterordnung; und in Verbindung damit den zentralen Kommunikationscode von Befehl und Gehorsam. Das verlangt von allen, aber insbesondere von den jungen Rekruten, wie er anfangs einer war, eine ausnahmslose Unterordnungsbereitschaft und absoluten Gehorsam. Wie hart, überfordernd, ja absurd oder unmenschlich der Befehl auch sein mag – ihm ist unter allen Umständen Folge zu leisten. Das erfordert auf Seiten des Untergebenen – und in der inferioren Position ist er zunächst für einige Jahre – Härte, Ausdauer und Leidensfähigkeit. In dem Maße wie Heinrich aufsteigt in der Hierarchie, zum Obergrenadier und Feldwebel, wächst ihm selber Befehlsgewalt zu. Das verlangt nicht nur Führungsstärke und Durchsetzungsfähigkeit, sondern zugleich auch Fürsorge und Verantwortung für die anbefohlenen Männer. Oder ist das bereits eine Projektion meines eigenen Führungsverständnisses auf eine hundert Jahre zurückliegende Ära, in der so etwas nicht vorkam?

Heinrich wird beim Militär auch instrumentelle Fähigkeiten erworben haben: wie man ein Pferd striegelt, wie man reitet, ein Gewehr auseinandernimmt, eine Feldhaubitze bedient, wie man exerziert und richtig salutiert. Zugleich wird in den zwölf Jahren ein Gefühl der Zugehörigkeit zu dieser geschlossenen Gesellschaft der Militärs entstanden sein. Man ist den ganzen Tag zusammen, unter Männern, und denselben Bedingungen ausgeliefert. Chorgeist und Kameradschaft helfen, mit Schwierigkeiten zurecht zu kommen. Den anstrengenden, oft auch eintönigen Dienst und mögliche Schikanen des Vorgesetzen erträgt man leichter, wenn man sich abends in der Messe beim Bier treffen kann. Gemeinsame Besäufnisse gehören zum Militäralltag, wie der überlieferte Bierkrug und Fotos von geselligen Abenden belegen.

Man muss sich noch einmal vorstellen, was der Eintritt in die Reichswehr für den jungen, bis dahin vermutlich stellungslosen Mann vom Lande bedeutete, noch dazu auf dem Hintergrund von hoher Arbeitslosigkeit nach dem verlorenen Krieg, von allgemeiner Armut und Hunger. Er bekam eine Ausbildung und erhielt regelmäßig Sold; er wurde eingekleidet, verpflegt und untergebracht. Er war jetzt jemand mit einem gesellschaftlichen Status; einer, der zu Pferd sitzen und in eleganter Uniform, mit Degen und Handschuhen posieren konnte. Ihm boten sich Aufstiegsmöglichkeiten. Nach dem Ende der Dienstzeit wartete neben einer Abfindung eine Beamtenstelle mit Pensionsberechtigung auf ihn. Dass der junge Grenadier dafür Dienstbereitschaft und Loyalität einzubringen bereit war, ist auch hundert Jahre später noch gut nachvollziehbar.

Diese Loyalität wird weniger der gerade errichteten Weimarer Republik mit ihrer demokratischen Verfassung gegolten haben als dem untergegangenen Staat des Kaiserreichs und dem Militär als Stütze der vormaligen Monarchie. Die Offiziere und Kommandeure des Regiments haben allesamt noch im kaiserlichen Heer gedient; dort haben sie Privilegien genossen und ihr Weltbild geformt. Auch nach 1918 hingen sie der untergegangenen Monarchie nach. Der Vertrag von Versailles trug durch vorsätzliche Demütigungen des Deutschen Reiches und erzwungene Gebietsabtretungen für diese Kreise dazu bei, Gefühle wie Groll, Zorn oder auch Revanchegelüste zu nähren, nicht nur gegen die siegreichen Alliierten, sondern auch gegen Politiker der Weimarer Republik wie Walter Stresemann und Friedrich Ebert, die sie für diese Schmach mit verantwortlich machten.

Den jungen Heinrich Wessel, der als knapp Zwanzigjähriger der geschlossenen Gesellschaft der stark gestutzten Reichwehr beitritt, stelle ich mir, was seine politische Bildung zu diesem Zeitpunkt betrifft, als weitgehend unbeschriebenes Blatt vor. Wohl brachte er von zuhause eine staatstreue Gesinnung und eine Gewogenheit für das Militär mit, sonst hätte er sich kaum als Freiwilliger verpflichtet. Über die Voraussetzungen der Demokratie, die Rolle von Parteien, die Bedeutung von Grundrechten und Gewaltenteilung wird er kein fundiertes Wissen gehabt haben. Woher auch? Umso empfänglicher wird er für Haltungen und Werturteile der älteren Offiziere gewesen sein, die man sich als durchweg antidemokratisch und auf einen Obrigkeitsstaat gerichtet vorstellen muss. Diese Überlegungen finde ich im Nachhinein bestätigt, als ich mithilfe von AI (Artificial Intelligence) sogar nähere Informationen zum Lernplan der Reichswehr für Unteroffiziere finde. Da stehen neben der militärischen Ausbildung, Kommunikation und Führung auch Kriegsgeschichte und ideologische Schulung auf dem Programm.[7]

Wird Heinrich Wessel durch den Einfluss von Vorgesetzten und Kameraden im Laufe der zwölf Jahre bei der Reichswehr zu jemandem, der für die Versprechungen und Hetzreden der Nationalsozialisten ansprechbar wird? Seit Anfang der zwanziger Jahre hat Adolf Hitler mehrfach versucht, die politische Bühne zu betreten. Am 31. Januar 1933 gelang es ihm, von Reichspräsident Hindenburg zum Reichskanzler ernannt zu werden. Die junge Demokratie und die Grundrechte wurden außer Kraft gesetzt, politische Gegner verhaftet und eine Ein-Parteien-Diktatur errichtet, die in den kommenden zwölf Jahren unzähligen Menschen, in Deutschland und in der ganzen Welt, Krieg, Tod und Vernichtung brachte.

Eine anschauliche Beschreibung der Anziehungskraft der Nazis finde ich in der *Zwischenbilanz* des Schriftstellers Günter de Bruyn, der selbst zwar eine Generation später geboren ist (1926), aber die Prozesse der Anpassung in den 30er Jahren gut auf den Punkt bringt. De Bruyn schreibt:

Natürlich waren wir alle, die wir 1933 Lesen und Schreiben gelernt hatten, von der herrschenden Ideologie infiziert worden, und zwar weniger vom Germanenkult und vom Anti-Semitismus als von der schon seit wilhelminischen Zeiten tradierten „Deutschen Sendung" und dem „Soldatischen Geist". Von der Welt isoliert, dumm gehalten und mit Vorurteilen beladen, waren wir als williges Kanonenfutter aufgewachsen; aber fanatische Nazis waren wir wider Erwarten nicht geworden. Was die Älteren betört und begeistert hatte: das Ordnungschaffen im Innern und das Kraftzeigen nach Außen, die Sanierung der Wirtschaft und die Pracht der Fahnen und Aufmärsche, war uns selbstverständlich gewesen, das einst als erhebend empfundene Ritual lästige Pflicht. […]

Den Älteren war Hitler die Alternative zur Weltwirtschaftskrise und zu den Folgen des Versailler Vertrags gewesen; uns war er kein Retter mehr, sondern nur noch alltägliche Autorität. Die Aura, die ihn für die Masse der Deutschen umgeben hatte, begann zu verlöschen, als wir zu denken begannen.

Die Einseitigkeit unserer Erziehung hatte uns zu politischen Analphabeten werden lassen. Man könnte auch sagen: wir waren unpolitisch, wenn man unter politischem Denken die Fähigkeit zur Entscheidung versteht.[8]

Haus und Grund am Teutoburger Wald

Jetzt bin ich mit meiner Erzählung der Familiengeschichte mitten im Dritten Reich. Dessen Anfang fällt zeitlich mit dem Umzug von Anna und Heinrich Wessel nach Bielefeld zusammen. Am 20. September 1933 ernennt der Präsident der Oberpostdirektion Minden Heinrich Wessel zum Postschaffner und weist ihm eine Beamtenstelle in Bielefeld zu, zunächst sechs Monate auf Probe, innerhalb derer eine jederzeitige Entlassung ohne Kündigungsfrist möglich ist. Von dem Ernannten wird erwartet, so heißt es in der Ernennungsurkunde, dass er getreu der Reichsverfassung seine Amtspflichten zum Wohle des deutschen Volkes erfülle und das in ihn gesetzte Vertrauen rechtfertige. Zugleich wird ihm der besondere Schutz des Reiches zugesichert.

Die weitere Perspektive heißt also ein Leben in der Stadt am Teutoburger Wald. Die große Inflation des zurückliegenden Jahrzehnts hatte gezeigt, dass diejenigen besser dran waren, die Besitz an Haus und Grund hatten. So entschließen sich Anna und Heinrich Wessel, an ihrem neuen Wohnort beides zu erwerben. Im Stadtteil Sudbrack-Gellershagen werden sie mit einem etwa tausend qm großen Grundstück fündig, auf dem zwei aneinandergebaute Gebäude stehen: ein älteres Fachwerkhaus und ein neueres zweistöckiges Wohnhaus. Über den Immobilienkauf erzählt mir meine Großmutter bei einem Besuch in Münster:

Das Haus an der Jöllenbecker Straße 224 haben wir 1933 gekauft, für 13.000 Reichsmark plus tausend Mark Schreibgebühren. Dein Großvater verdiente zu der Zeit 145 Reichsmark im Monat. 1.500 Reichsmark hatte er als Abfindung bekommen, als er vom Militär entlassen wird. 3.500 Reichsmark hatten wir gespart, ich als Dienstmädchen, er beim Militär.[9]

Ein Foto zeigt die junge Familie – die Tochter Anita war im Mai 1928 in Soltau geboren worden – vor dem gerade erworbenen Haus an der Jöllenbecker Straße (Abb. 17).

Mitgliedschaft in der Partei

Die Frage, die mich im Kern umtreibt und bewegt, lautet: was hat mein Großvater Heinrich Wessel in den zwölf Jahren von 1933 bis 1945 gemacht? Welche Verwicklungen und Mitgliedschaften ist er eingegangen? Wo war er im Krieg? In welcher Einheit, in welcher Funktion? Was hat er mitbekommen? War er gar selbst an Greueltaten und Grausamkeiten beteiligt?

Auf meine Anfrage hin antwortet mir im November 2019 das Bundesarchiv in Berlin-Lichterfelde: die Überprüfungen der personenbezogen erschlossenen Bestände des Bundesarchivs, Abt. BE, zu meinem Großvater Heinrich Hermann August Wessel, geb. 16.02.1901 in Hohenaverbergen, Kreis Verden, seien abgeschlossen. Es konnten eine NSDAP-Gau-Karteikarte (Abb. 18) und eine

Abb. 17

Registrierkarte der Waffen-SS ermittelt werden. Beide Dokumente werden als Scan beigefügt. Wegen Geringfügigkeit wird auf eine Gebührenerhebung verzichtet.

In der NSDAP-Mitgliederkartei des Gaus Westfalen, Ortsgruppe Bielefeld, wird unter der Mitgliedsnummer 5653192 in Kasten 4818 auf der Karte 1074 am 1.5.1937 die Aufnahme des Postschaffners Heinrich Wessel registriert.

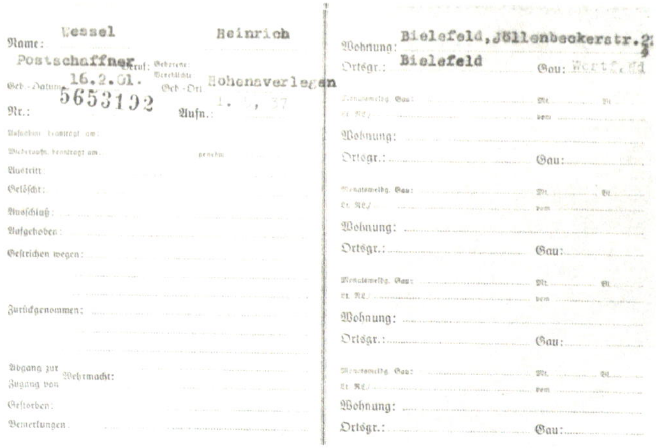

Name: Wessel Heinrich
Beruf: Postschaffner
Geb.-Datum: 16.2.01. Geb.-Ort: Hohenaverlegen
Nr.: 5653192 Aufn.: 1. [illegible] 37
Aufnahme beantragt am:
Wiederaufn. beantragt am: genehm.
Austritt:
Gelöscht:
Ausschluß:
Aufgehoben:
Gestrichen wegen:
Zurückgenommen:
Abgang zur / Zugang von Wehrmacht:
Gestorben:
Bemerkungen:

Wohnung: Bielefeld, Jöllenbeckerstr. 2[illegible]
Ortsgr.: Bielefeld Gau: Westf. Nd
Monatsmeldg. Gau: Mt. Bl.
Lt. RL/ vom
Wohnung:
Ortsgr.: Gau:
Monatsmeldg. Gau: Mt. Bl.
Lt. RL/ vom
Wohnung:
Ortsgr.: Gau:
Monatsmeldg. Gau: Mt. Bl.
Lt. RL/ vom
Wohnung:
Ortsgr.: Gau:
Monatsmeldg. Gau: Mt. Bl.
Lt. RL/ vom
Wohnung:
Ortsgr.: Gau:

Abb. 18

Warum tritt er zu diesem Zeitpunkt, gut vier Jahre nach der Machtergreifung der Nationalsozialisten, der braunen Partei bei? Was ist im April 1937 geschehen? Gibt man diese Frage bei der Suchmaschine Duckduckgo ein, so stößt man u.a. diese Informationen:

Reichsinnenminister Wilhelm Frick hatte angewiesen, dass alle deutschen Beamten in den Ruhestand treten müssen, die mit Juden verheiratet waren. Und vom deutschen Reichserziehungsministerium erging die Anordnung, dass die Erziehung der Schüler der Grundschulen zum vollen Einsatz für Führer und Nation zu erfolgen hatte.[10]

Heinrich war nicht mit einer Jüdin verheiratet. Der Erlass des Reichsinnenministers aber zeigte an, dass die Verbeamtung keinesfalls eine Garantie für eine gesicherte Lebensstellung bot, sondern aus ideologischen Gründen über Nacht gekündigt werden konnte. Das wurde ihm auch schon bei seiner Einstellung vermittelt. Die

Bayrische Landesregierung hatte zu dieser Zeit begonnen, Lehrer aus dem Schuldienst zu entfernen, die einem christlichen Glauben angehörten. Bei ihnen könne nicht garantiert werden, dass ihre Lehrtätigkeit dem nationalsozialistischen Verständnis entspreche.

Diese Hinweise lassen vermuten, dass der Postschaffner Heinrich Wessel der NSDAP aus opportunistischen Gründen beitrat, um seine verbeamtete Stelle politisch abzusichern. Hermann Lübbe weiß zu berichten, dass es 1937 einen Masseneintritt von Beamten in die Hitler-Partei gab.[11]

Heinrich Wessel war aber nicht nur Parteimitglied, sondern es findet sich im Bundesarchiv auch eine Mitgliedskarte der Organisation der Waffen-SS. (Abb. 19) Heißt das, dass er dieser Organisation auch beigetreten war?

Mitnichten, wie sich herausstellen sollte.

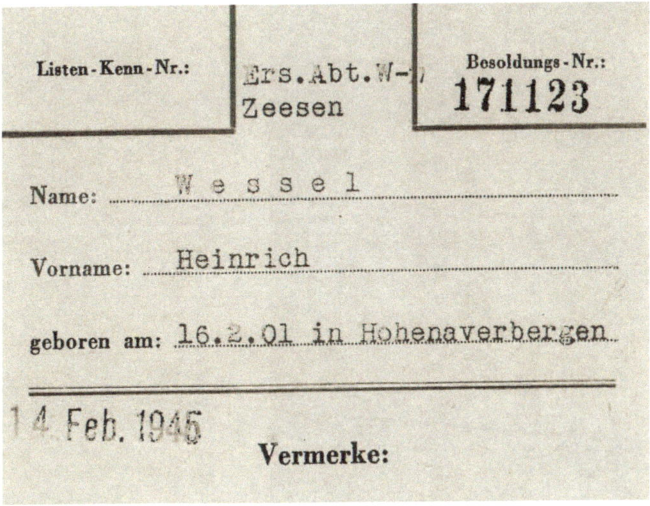

Listen-Kenn-Nr.:	Ers.Abt.W-? Zeesen	Besoldungs-Nr.: 171123

Name: W e s s e l

Vorname: Heinrich

geboren am: 16.2.01 in Hohenaverbergen

14. Feb. 1945

Vermerke:

Abb. 19

Diese Karteikarte bestätigt aber, was ich von dem Foto aus dem Küchenschrank der Großmutter wusste: Heinrich Wessel in grauer Uniform, mit einer über dem Schirm geknüpften Militärmütze mit dem Totenkopf-Emblem. (Abb. 20) Das Dienstgradabzeichen weist ihn als Unterscharführer aus. Ich entdecke eine Prägung in dem Fotopapier dieser Portraitaufnahme mit dem Schriftzug: „G. Benatti. Mantova".

Ich nehme weitere Fotos aus dem Zweiten Weltkrieg zur Hand, die ich seiner Tochter, meiner Tante Ursula verdanke. Auch sie verweisen auf Italien: ein Passbild etwa, das auf der Rückseite mit einem leicht verschmierten Stempel Benatti als Fotografen ausweist und die Via Roma als Adresse angibt, also auch in Mantua gemacht wurde (Abb. 21).

Abb. 20

Weil das Wort *via* stark verwischt und kaum leserlich ist, hatte ich anfangs nur Roma gelesen und geglaubt, die Aufnahme sei in Rom entstanden. Doch dass der Fotograf Benatti zu jener Zeit auch in Rom ein Studio unterhält, ist unwahrscheinlich. So gut wie sicher wurde dieses Passbild ebenfalls in der lombardischen Stadt aufgenommen. Mantua – den Namen der Stadt lerne ich zunächst in der Literatur kennen: als die Stadt, in die der junge Romeo aus Verona verbannt wird. Mit dem Hinweis auf Mantua, italienisch: Mantova, gibt es einen zentralen Beleg für den Einsatzort von Heinrich Wessel im Zweiten Weltkrieg.

Abb. 21

Dort dürfte auch das nächste Foto gemacht sein. Die Aufnahme zeigt Heinrich Wessel als Mittvierziger in Uniform in einem italienischen Innenhof. (Abb. 22) Das Foto ist nicht datiert. Das obligatorische Zigarillo hält er in der linken Hand zwischen Daumen und Zeigefinger. Auf dem Kopf trägt er dieselbe „weiche" Uniformmütze wie auf dem Portraitfoto – die mit dem Totenkopfemblem. Die Stechpalme im Hintergrund lässt ebenso wie der bogenförmige Torbogen eine norditalienische Stadtarchitektur erkennen.

Abb. 22

Die SS in Italien, Greuel und Massaker an der Zivilbevölkerung im Sommer 1943, nachdem Italien die Seite gewechselt und sich den Alliierten angeschlossen hatte: solche Gedanken stellen sich spontan ein. Ich erinnere mich an einen Aufenthalt in Norditalien in den neunziger Jahren. Ich lernte damals seit einigen Jahren Italienisch und reiste gern in die oberitalienischen Städte mit ihrer historischen Architektur, ihren reichen Kunstschätzen und ihrer quirligen Atmosphäre. War es in Verona, in Padua oder in Mantua, dass ich damals am Kopf einer Brücke über einen breiten Fluss auf eine kleine Gedenktafel stieß, die an die Erschießung von Geiseln an dieser Stelle durch die SS erinnerte? Sollte der eigene Großvater beteiligt gewesen sein? In meinen Tagebüchern suche ich und schließlich einen Eintrag vom 15. April 1994. Ich war nach Padua gereist, um dort als Berater ein Business Meeting des internationalen Modellprojekts der Health Promoting Hospitals der Weltgesundheitsorganisation WHO zu moderieren, und notiere aus diesem Anlass:

„Von meiner Mutter weiß ich, dass mein Großvater im Zweiten Weltkrieg in Padua stationiert war. Am Mittag stoße ich in der Stadt auf einen Gedenkstein, der der Ermordung von zehn Italienern in den letzten Kriegstagen erinnert. Sofort stellt sich mir die Frage, was mein Großvater hier in Italien gemacht hat."[11a] Diese Frage hat mich seitdem umgetrieben.

Die SS in Italien 1943–1945

Ich versuche, die gewonnenen Informationen zusammenzuführen und Näheres herauszubekommen über das Wirken der Deutschen in Italien während des Zweiten Weltkriegs im Allgemeinen und der Waffen-SS im Besonderen. Wer dieses Kapitel aufschlägt, braucht Zeit und starke Nerven. Um die Forschungslage zu sichten, setzten die Außenminister Italiens und Deutschlands 2008 eine Deutsch-Italienische Historikerkommission ein, die im Juli 2012 ihren Abschlussbericht vorlegte.[12]

Darin heißt es unter anderem, dass eine umfassende Gesamtdarstellung des Kriegsgeschehens in Italien zwischen der Landung der Alliierten in Sizilien am 9./10.7.1943 bis zur Kapitulation der deutschen Italienarmee am 2.5.1945 erstaunlicherweise fehle.[13] Auch wenn der Krieg in Italien aus globaler Sicht ein Nebenschauplatz gewesen sei, war er doch langwierig, verlustreich und vor allem für die Zivilbevölkerung mit traumatischen Nachwirkungen verbunden. In Deutschland geriet die massive Kriegspräsenz in Italien weitgehend in Vergessenheit, obwohl dort zwischen dem 8.9.1943 und dem 2.5.1945 außer hunderttausenden deutscher Soldaten zahlreiche Funktionsträger aus Polizei und Geheimdienst sowie Wirtschafts- und Parteikader tätig waren.

„Erst recht wollte man sich nicht an die zahlreichen Massaker erinnern, die zwischen 1943 und 1945 von Einheiten der Waffen-SS, aber auch der Wehrmacht an der italienischen Zivilbevölkerung verübt worden waren."[14]

Ohne Zweifel habe es im Nachkriegsdeutschland der 50er und 60er Jahre, im öffentlichen wie im privaten Diskurs, eine Tendenz gegeben, die nationalsozialistische Besatzung Italiens und die damit verbundene massive Repression gegen die Zivilbevölkerung herunterzuspielen und in Vergessenheit geraten zu lassen, heißt es in dem Bericht.[15]

Ich mache mir, wenigstens in groben Skizzenstrichen, noch einmal deutlich, um was für eine Organisation es sich bei der Waffen-SS handelte. Sie entstand 1939 nach dem Überfall auf Polen und wurde ab 1940 zu einer selbständigen militärischen Organisation ausgebaut, die im Juni 1944 etwa 600.000 Mitglieder hatte. Einheiten der Waffen-SS wurden an der Front und zur Sicherung besetzter Gebiete eingesetzt. Sie werden für zahlreiche Kriegsverbrechen verantwortlich gemacht, wie etwa in Oradour-sur-Glane und Sant'Anna di Stazzema. In der Forschungsliteratur finden sich Aufweise einer besonderen Härte und Grausamkeit gegen die Zivilbevölkerung. In den Nürnberger Prozessen wurde die SS 1946 als verbrecherische Organisation eingestuft und verboten.

Mir sind diese Angaben noch zu allgemein, und ich versuche über einen Hinweis auf der Karteikarte der Waffen-SS weiterzukommen: „Ers.Abt.W-SS Zeesen" ist dort zu lesen (s.o. Abb. 19). In meinen Recherchen stoße ich auf die III. Abteilung dieser Einheit. Sie unterstand der Heeresgruppe C (Süd) und war bis Ende des Krieges in Italien eingesetzt. Ich finde im Internet den Bericht des Taxifahrers K.H. aus Berlin, der entscheidende Hinweise gibt. Dieser Mann wurde im März 1943 mit 37 Jahren zur *Fronthilfe Deutsche Reichspost* in Zeesen bei Berlin einberufen. *„Dabei handelte es sich um die Ersatzeinheit für alle SS-Kraftfahrkolonnen, die aus früheren Angehörigen der Deutschen Reichspost gebildet worden waren."*[16]

Die Abteilung bestand aus vier Kompanien, der 9., 10., 11. und 12., einer Werkstattkompanie, die jeweils über etwa 20–25 vier- oder sechsrädrige Busse verfügten, Fahrzeuge der Deutschen Reichspost. Jede Kompanie konnte etwa tausend vollausgerüstete Soldaten transportieren. Die Transport-Abteilung III wurde am 9. August 1943 nach Italien verlegt und nach kurzem Aufenthalt bei Cervia in Mantova stationiert. Das Stabsquartier lag im Februar 1944 in Castelforte bei Mantova. Kommandant der SS-Kraftfahrkolonne Deutsche Reichspost war ein SS-Sturmbannführer Schmidt, Ausbilder der SS-Obersturmführer Sonntag. Die Fronthilfe Deutsche Reichspost zählte rund 7000 Mitglieder, davon etwa 100 Führer und 1200 Unterführer.[17]

Abb. 23

Ein Foto des Großvaters (Abb. 23) bestätigt die bisherigen Überlegungen. „Morgens am Po" ist in Sütterlinschrift in Tinte auf der Rückseite vermerkt. Zu sehen sind sechs Männer in Uniform vor einem Bus, einem Kübelkastenwagen. Alle sechs tragen sogenannte „Knobelbecher" an den Füßen und halten Reben mit Trauben in der Hand. Auf dem linken Kotflügel hält Heinrich Wessel einen Zinkeimer, aus dem weitere Traubenreben quellen. Drei tragen ein Uniformschiffchen auf dem Kopf; einer eine hochgezogene Uniformmütze mit Reichsadler und Hakenkreuz; auf seinem linken Arm sind zwei Rangstreifen zu erkennen; zwei sind barhäuptig. Das Fabrikat des Transporters ist nicht zu erkennen. Wohl aber lassen sich Worte des Logos entziffern, das zwischen den beiden kleinen Fenstern des Aufbaus zu erahnen ist: „Front…" und darunter „Deutsche…" ist links von einem Reichsemblem zu lesen. Mit den zuvor gewonnenen Erkenntnissen ist es nicht schwer, den Schriftzug zu enträtseln. Auf diesem Truppentransporter steht: Fronthilfe Deutsche Reichspost. Damit sind weitere Puzzleteilchen für das Gesamtbild gewonnen: der Truppenteil, die Funktion und auch der Zeitraum, in der Heinrich Wessel Dienst tat, kann damit bestimmt werden.

Was hatte die Deutsche Reichspost mit der Waffen-SS zu tun? fragt sich der Nachgeborene. Was war das für eine Organisation – die Fronthilfe Deutsche Reichspost?

Die Fronthilfe Deutsche Reichspost

Die Ursprünge dieser Organisation gehen zurück auf den sogen. *Postschutz*, der kurz nach der nationalsozialistischen Machtergreifung im März aufgestellt wurde, um die Post gegen Überfälle und angebliche kommunistische Ausschreitungen zu sichern, wozu vorgeblich weder Polizei noch Reichswehr in der Lage waren. Ende Dezember 1933 umfasste der bewaffnete Postschutz etwa 26.000 Mann. Im Laufe der folgenden Jahre wurde der Postschutz zahlenmäßig und ausrüstungsmäßig verstärkt. Er sollte kriegswichtige Einrichtungen der Reichspost schützen. Postbedienstete konnten freiwillig beitreten. Der Eintritt in den Postschutz war eine der Möglichkeiten, um die eigene ideologische Gesinnung mit einem Mindestaufwand an Engagement belegen zu können. Es gab in ganz Deutschland Postschutzschulen. Sie entsprachen den SS-Junkerschulen und SS-Führerschulen. Es wurden jährlich 20.000 Angehörige der Reichspost geschult.

Auf Veranlassung des Reichsministers für Munition und Bewaffnung Dr. Fritz Todt stellte der Reichspostminister Ohnesorge im Herbst 1941 die „Fernkraftpost Wilna – Smolensk" dem Wehrmachtsstab zur Verfügung. Ende 1941 war im Osten eine Frontlücke entstanden, die durch neue aus der Heimat heranzuführende Reserven geschlossen werden sollte. Die Reichspost sollte für einen Sondereinsatz aushelfen. 500 Omnibusse und 150 Kraftwagen mit rund 1400 Mitgliedern der Deutschen Reichspost, überwiegend Kraftfahrer und kraftfahrttechnisches Personal, wurden in Gang gesetzt, um Truppen von Wilna und Minsk an die Front zu bringen und Verwundete zurückzuführen.[18]

Nachdem sich die Einheit bis Mai 1942 im Einsatz befunden hatte, wurde sie zur Instandsetzung bzw. Auffüllung in die Heimat zurückgeführt. Bei Verhandlungen zwischen der Deutschen Reichspost und dem Wehrmachtsführungsstab zeigte sich der Reichspostminister weiterhin bereit, Busse und Personal zur Verfügung zu stellen, unter der Voraussetzung, „dass die Einheit eine selbständige, dem ausschließlichen Verfügungsrecht des Reichspostministers unterstehende Einheit der Deutschen Reichspost bleiben solle." Die Wehrmacht aber bestand auf der vollständigen Überführung in die Wehrmacht, woraufhin sich der Reichspostminister entschloss, die Fronthilfe dem Reichsführer-SS zu unterstellen, der das Verfügungsrecht der Reichspost an der Einrichtung anerkannte. So wurde die Fronthilfe Deutsche Reichspost im Herbst 1942 der Waffen-SS unterstellt, ohne dabei eine Einheit der Waffen-SS zu werden. Sie blieb bis zum Kriegsende eine Einrichtung der Deutschen Reichspost, war der Waffen-SS freilich formell angegliedert und unterstand dem SS-Hauptamt.

Ich stoße auf eine Quelle von 1964, in der ein W. Rheder, rückblickend von den Verhandlungen zwischen der SS und dem Reichspostminister im Sommer 1942 berichtet. Altgediente Beamte und Postfachbearbeiter, die entweder früher beim Heer gedient hatten oder im Postschutz tätig waren, sollten herausgezogen und der Waffen-SS unterstellt werden. Die dem SS-Hauptamt unterstellte Organisation sollte den Namen *Fronthilfe Deutsche Reichspost – Kraftfahrstaffel* erhalten, wurde später aber auch als SS-Kraftfahrstaffel bezeichnet. Altgediente Soldaten wurden unter ihrem alten Dienstgrad eingestellt. Kompanie und Zugführer waren gleichfalls vormalige Offiziere des Heeres. Die Abteilungskommandeure, Ärzte und technisches Leitungspersonal kamen aus der Waffen-SS. Die kraftfahrtechnische Ausrüstung wurde von der Reichspost, die militärische Ausrüstung aus den Beständen des Postschutzes gestellt.

Weiter heißt es in dem Bericht:

Um die Angehörigen der Fronthilfe DRP hinsichtlich der Versorgung ihrer Familien und für den Fall ihrer Verwundung den Wehrmachtsangehörigen gleichzustellen, wurden sie gemäß o.a. Übereinkommens korporativ der Waffen-SS eingegliedert und karteimäßig beim SS-Hauptamt erfasst, in SS-Uniformen eingekleidet und mit einem Soldbuch der Waffen-SS versehen.

Die Aufgabe der Fronthilfe bestand darin, mit ihren Fahrzeugen, Bussen und LKWs den Transport von Verwundeten aus dem Frontgebiet und die Heranführung von Truppen an die Front zu übernehmen bzw. die Motorisierung von Wehrmachtsteilen zu übernehmen. […]

Zur Vervollständigung Ihrer Unterlagen denke ich mir, dass dieser bisher immer vergessene Teil der Waffen-SS für eine wirkliche Dokumentation unserer alten Truppe wichtig genug ist … Zumal ja auch in diesen Einheiten zahlreiche Männer gefallen und verwundet sind, die glaubten, sich für ihr Vaterland einsetzen zu müssen. [19]

Eine weitere Quelle, die aber nicht mehr verifiziert werden kann, gibt für die in Mantova stationierte SS-Kraftfahrtstaffel Fronthilfe Deutsche Reichspost zu einem nicht näher bekannten Zeitpunkt eine Stärke von 13 Offizieren, 99 Unteroffizieren und 418 Mann an. Es ist wahrscheinlich, dass mein Großvater Heinrich Wessel einer der 99 Unteroffiziere war, die dort erwähnt werden.[20]

Was bedeuten nun diese Recherche-Ergebnisse für die Ausgangsfrage nach Beteiligung, Rolle und möglicher Schuld des Großvaters im Dritten Reich?

Unbestreitbar ist: Heinrich Wessel war niemand, der sich aktiv der Diktatur entgegengestellt hat. Er war kein Widerstandskämpfer. Auch stand er nicht, wie mein väterlicher Großvater Wilhelm Ahlemeyer, den Nazis offen ablehnend gegenüber. Mit Missfallen sieht der, dass sein Sohn Werner mit Begeisterung zu den Treffen der Hitler-Jugend geht. Als er Geld für eine HJ-Uniform geben soll, lehnt er das schroff ab.[21]

Heinrich Wessel stand, nach allem, was ich heute weiß, den Nationalsozialisten auch nicht neutral gegenüber. Ist es zulässig, seinen Schnäuzer auf der schon erwähnte Fotografie aus dem Jahr 1932 (s.o. Abb. 13) als ein Indiz von politischen Sympathie zu deuten, Sympathie mit einer Partei, die verspricht, die Schmach des Versailler Vertrags zu sühnen und Deutschland zu neuer Stärke zu führen? Hat Heinrich Wessel bei den letzten freien Wahlen zum Reichstag im Januar 1933 für die NSDAP gestimmt? Ich weiß es nicht. Zweifelsfrei ist freilich sein Eintritt in die Nationalsozialistische Deutsche Arbeiterpartei am 1.Mai 1937 belegt.

Die vorhandenen Fotodokumente zeigen an, dass er 1943/44 bei der Fronthilfe Deutsche Reichspost (FDRP) in Italien Dienst tat. Die FDRP war seit dem Herbst 1942 der Waffen-SS unterstellt; sie war keine Einheit der Waffen-SS, sondern blieb bis zum Kriegsende eine Einrichtung der Deutschen Reichspost. Die Karteikarte für Heinrich Wessel im Bestand der Waffen-SS unter der Besoldungsnummer 171123 erklärt sich daraus, dass die FDRP der Waffen-SS formell angegliedert war und vom SS-Hauptamt verwaltet wurde. Ungeklärt bleibt, wann er vom zivilen Dienst als Postschaffner in militärische Verwendungen gekommen ist, ob er dazu verpflichtet wurde oder sich freiwillig dazu gemeldet hat. Offen ist auch, ob er vor dem Einsatz in Italien noch an der Ostfront war.

Eine Befassung mit der Frage, was haben meine Vorväter in Dritten Reich gemacht, gleicht einem Balanceakt auf dem Hochseil. Absturzgefahren gibt es nach mehreren Seiten. Beschwichtigen, verharmlosen, entschuldigen: das markiert den Abgrund zur einen Seite. Es gibt aber auch einen Abgrund zur anderen Seite. Was die Nationalsozialisten ihren innenpolitischen Gegnern angetan haben, welche Untaten sich Wehrmacht und SS haben zuschulden kommen lassen: darüber ist ein klares Urteil angezeigt und erforderlich. Das darf aber nicht zu einer moralischen Selbstüberhöhung führen, die aus der zufriedenen Gewissheit resultiert, auf der richtigen Seite zu stehen.[22] Es kommt mir allzu billig und besserwisserisch vor, mit den Maßstäben von heute und vom sicheren Schreibtisch aus die Handlungen und Entscheidungen der Menschen zu jener Zeit aburteilen zu wollen, ohne die damaligen Zwangslagen, Bedrohungen und Versuchungen im Alltag einzubeziehen.[23]

Um bei diesem Balanceakt nicht nach der einen oder anderen Seite abzustürzen, versichere ich mich des Beistands von zwei Denkern, die in ihren Positionen nicht gegensätzlicher sein könnten: Jean Améry und Hermann Lübbe.

Die Sicht des Opfers

Zum Thema Vergangenheitsbewältigung stoße ich auf einen Radio-Essay von Jean Améry, den der Südwestfunk nach mehr als fünfzig Jahren noch einmal ausgestrahlt hat.[24] Amérys Nachdenken über sein Ressentiment gegen die Deutschen stellt ein denkwürdiges Dokument zur Aufarbeitung der NS-Zeit dar. Der damals in Brüssel lebende Autor wandte sich 1966 – im Todesjahr meines Großvaters – gegen einen Geisteszustand, der nach seiner Wahrnehmung sich von den Schrecken der Vergangenheit zu lösen begann. Um die Bedeutung von Jean Améry in diesem Zusammenhang zu ermessen, hilft die Würdigung, die W.G. Sebald der Haltung und Perspektive des Essayisten zukommen lässt:

Die außerordentliche Stellung, die Amérys Schriften in diesem Zusammenhang von Anfang an zukam, beruhte darauf, dass ihm die Realien des Völkermords nicht erst im Zuge ihrer historiographischen und juridischen Aufarbeitung zu Bewusstsein gebracht wurden, sondern dass er im wortwörtlichen Sinne schon zweieinhalb Jahrzehnte lang okkupiert war von der Zerstörung, die man ihm und seinesgleichen angetan hatte. Die abstrakte Rede von den Opfern des Nationalsozialismus, die eine ungeheure Verbindlichkeit allzu leicht einbekannte, wird in Amérys Versuchen über seine persönliche Vergangenheit und Gegenwart in dieser Zeit ersetzt von den inhaltschwersten Einsichten in die irreparable Verfassung der Opfer, aus der allein die wahre Natur des Terrors mit einiger Präzision sich extrapolieren lässt. Es gehört zur psychischen und sozialen Befindlichkeit des Opfers, dass nicht auszugleichen ist, was ihm widerfuhr. In ihr wirkt die Geschichte fort, vor allem aber das Prinzip, das sie ausmachte, das der brachialen Gewalt.[25]

In dem mit seiner eigenen, eindringlichen Stimme vorgetragenen Radiobeitrag *Ressentiments – Bewältigungs-*

versuche eines Überwältigten[23] bekennt sich Améry zu seinem Ressentiment gegen die Deutschen als einem Teil seiner Persönlichkeit. Er sieht es als Ergebnis einer langen historischen und persönlichen Entwicklung.

Sein Ressentiment verdichtet sich, als er in den späten vierziger Jahren mitbekommt, dass von anfänglicher Zerknirschung nichts mehr zu vernehmen ist und die Deutschen sich zunehmend als Opfervolk stilisieren: die deutsche Teilung, Stalingrad, der unbarmherzige Bombenkrieg der Alliierten, die Millionen Toten, die Gebietsverluste … Gegen eine Verharmlosung des Dritten Reiches als Betriebsunfall der deutschen Geschichte, an dem das deutsche Volk in seiner Tiefe und Breite keinen Anteil hatte, bekennt sich der ehemalige KZ-Häftling zu jener hartnäckigen Minderheit, die Deutschland seine zwölf Jahre grausamer Vergangenheit nachträgt. Améry räumt ein, dass er befangen ist, wenn er sich weigert, in den Ruf einzustimmen, nicht rückwärts zu schauen. Er besteht aber nach erlittenen Züchtigungen mit dem Ochsenziemer im KZ, nach dem Erleben und Erleiden von Erniedrigung, Folter und lebenslanger Versehrung, auf der Befangenheit einer moralischen Wahrheit.

Im Originalton:

Die Forderung nach Objektivität erscheint mir bei der Auseinandersetzung mit meinen Peinigern, mit jenen, die ihnen dabei halfen und den anderen, die dabei nur schwiegen, als logisch sinnlos. Es hat die Untat als Untat keinen objektiven Charakter. […] Der von seinem deutschen Herrenahnen gefeuerte flämische SS-Mann Weiß, der mich mit dem Schaufelstiel auf den Kopf schlug, wenn ich nicht schnell genug schippte, empfand das

Werkzeug als die Fortsetzung seiner Hand und die Prügel als die Wellenschläge seiner psychophysischen Dynamik. Die moralische Wahrheit der mir noch heute im Schädel dröhnenden Hiebe besaß und besitze nur ich selber und bin darum in höherem Maße urteilsbefugt – nicht nur als der Täter, sondern auch als die nur an ihren Bestand denkende Gesellschaft.[26]

Der SS-Mann Weiß aus Antwerpen, ein vielfacher Mörder und besonders routinierter Folterknecht, musste für seine Untaten mit dem Leben bezahlen. Was könne er noch mehr verlangen, fragte sich der Überlebende. Weder Rache noch Sühne sei sein Anliegen. Das Erleben in der Verfolgung war im letzten Grunde das einer äußersten Einsamkeit. Um die Erlösung aus dem noch immer andauernden Gefühl des Verlassenseins von damals gehe es ihm.

SS-Mann Weiß, als er vor dem Exekutionspeleton stand, erfuhr die moralische Wahrheit seiner Untaten. Er war in diesem Augenblick mit mir, und ich war nicht mehr mit dem Schaufelstiel allein. Er hat, so möchte ich glauben, im Augenblick seiner Hinrichtung die Zeit genauso umdrehen, das Geschehene genauso ungeschehen machen wollen wie ich. Als man ihn zur Richtstätte führte, war aus dem Gegenmensch wieder der Mitmensch geworden.

Wäre alles nur zwischen ihm und mir vor sich gegangen und hätte nicht eine ganze umgekehrte Pyramide von SS-Leuten, SS-Helfern, Amtswaltern, Kapos, ordensgeschmückten Generälen auf mir gelastet – ich wäre, so jedenfalls dünkt es mich heute, ruhig und befriedet mit dem Totenkopf-Mitmenschen gestorben. Aber Weiß aus Antwerpen war nur einer aus einer Unzahl. Die umge-

kehrte Pyramide bohrt mich mit ihrer Spitze noch immer in den Boden. Daher die Ressentiments besonderer Art, daher meine geringe Neigung zur Versöhnlichkeit.[27]

Améry setzt sich mit dem Konzept der Kollektivschuld, auseinander, das die Schuld nicht dem einzelnen Täter anlastet, sondern allen Angehörigen einer Gruppe. In der Kollektivschuld sieht er eine brauchbare Hypothese, wenn man nichts anderes darunter verstehe als die objektiv manifest gewordene Summe individuellen Schuldverhaltens. Dann werde aus der Schuld jeweils einzelner Deutscher – Tatschuld, Unterlassungsschuld, Redeschuld, Schweigeschuld – die Gesamtschuld eines Volkes. Allein als eine vage statistische Aussage sei dieser Begriff zu etwas nütze – vage statistisch, denn es fehlten, so Améry, präzise Angaben. Niemand könne feststellen, wie viele Deutsche die Verbrechen des Nationalsozialismus erkannten, billigten, selbst begingen oder in ohnmächtigem Widerwillen durchgehen ließen. Jedes der Opfer habe, mitten im deutschen Volk lebend, seine eigene, nicht in Ziffern ausdrückbare Erfahrung gemacht, und so seien ihm die Verbrechen der Nationalsozialisten als kollektive Taten der Deutschen bewusst geworden. Jene, die im Dritten Reich aus dem Dritten Reich ausgebrochen waren, sei es auch nur schweigend durch einen bösen Blick nach dem schikanierenden SS-Mann, durch ein mitleidiges Lächeln für die Opfer oder ein schambezeugendes Niederschlagen der Augen – sie seien nicht zahlreich genug gewesen, um in der ziffernlosen Statistik einen rettenden Ausschlag zu geben.

Der Essayist und Philosoph aus Brüssel, der sich 1978 in Salzburg mit Schlaftabletten das Leben nahm, verlangt eine Aktualisierung der Vergangenheit, „eine Austragung des Konflikts zwischen Schlächtern und Opfern im Felde der geschichtlichen Praxis". Es ging ihm darum, auch in künftigen Geschlechtern das Wissen um die zwölf Jahre zu bewahren, die den Opfern wie tausend Jahre waren. Dieses Wissen dürfe nicht verdrängt und vertuscht werden, sondern müsse als „negatives Eigentum" gelten. Die Deutschen sollten ihr Einverständnis mit dem Dritten Reich als die totale Verneinung des eigenen besseren Herkommens begreifen lernen und es als negatives Eigentum annehmen. Das allein würde die Schande auslöschen.

Mein Zwischenresümee bleibt von Amérys eindringlichem Appell nicht unbeeindruckt. Die zwölfjährige Herrschaft Hitlers war kein Betriebsunfall, sondern eine von weiten Teilen der deutschen Bevölkerung mitgetragene Barbarei, an der viele mitgewirkt haben – in unterschiedlichen Funktionen und mit unterschiedlichem Eifer, nicht wenige sogar in dem fehlgeleiteten Glauben, Mitwirkung und Loyalität ihrem Staat zu schulden. Es war ein verbrecherisches System, an dem viele mit schuldig geworden sind, nicht nur diejenigen, die die Untaten eigenhändig begangen haben, sondern auch diejenigen, die ihnen in zweiter und dritter Reihe zugearbeitet haben – als Koch, Maschinist, Buchhalter oder Fahrer.

Der Felddienst Deutsche Reichspost veranstaltete keine Bustouristik in das Land, in dem die Zitronen blühen. Es ging nicht darum, mit Postbussen über die Alpen an den idyllischen Gardasee zu reisen. Vielmehr wurden elementare logistische Funktionen für die Beherrschung des Landes bereitgestellt. Ohne Truppentransport und Versorgung bricht jede militärische Intervention zusammen. In deren Verlauf kam es zu grausamen Übergriffen einzelner Truppenteile gegen die Zivilbevölkerung, insbesondere durch die SS. Wer sich mit den Ereignissen in Italien zwischen August 1943 und Kriegsende befasst, der entkommt nicht dem Geruch von Blut und Schande, den Deutsche dort hinterlassen haben. Das einzuräumen und als negatives Erbe anzunehmen, halte ich, dem die Gnade der späten Geburt fünf Jahre nach dem Ende der Schreckensherrschaft zuteil wurde, für ebenso zumutbar wie für geboten. Auch wenn der Einzelne, wie mein Großvater wahrscheinlich, sich keine Untaten vorzuwerfen hatte, finden sich auf seinem moralischen Schuldenkonto doch schwere Hypotheken, wenn er durch Organmitgliedschaft und eigenes Handeln indirekt dazu beigetragen hatte, eine gewaltige Kriegs- und Vernichtungsmaschine am Laufen zu halten.

Beschwiegene Vergangenheiten

Allzu selbstsichere moralische Urteile schmelzen dahin, wenn man sie im Lichte des Plädoyers von Hermann Lübbe für eine moralische Rehabilitationspragmatik stellt. Der 1926 geborene Philosoph hat das Beschweigen der belastenden Vergangenheit im Alltagsumgang mit den Millionen Ex-Nationalsozialisten nach 1945 und weit über 1949 hinaus als „Medium der Verwandlung unserer Nachkriegsbevölkerung in die Bürgerschaft der Bundesrepublik Deutschland" beschrieben.[28] Er erinnert daran, dass nach 1945 die Mehrheit der deutschen Bevölkerung aus Mitgliedern der aufgelösten Massenorganisationen bestand: aus über ein Dutzend Millionen Parteigenossen der NSDAP, Gefreiten und Offizieren des totalitär verformten Militärs, Sekretären, Assessoren und Präsidenten der öffentlichen Verwaltung, Studenten und Schülern, aus *„Mitläufern und Ja-Sagern aller Gewissheitsklassen und Desorientierungsgrade – sie bildeten nun einmal die Mehrheit des Volkes, das sich nach dem Untergang der Einparteienherrschaft nicht gegen ein anderes Volk eintauschen ließ, vielmehr für einen neuen, freiheits- und friedensliebenden Bürgerstaat zu gewinnen war."*[29]

Wenn dieser Wandlungsprozess schon in der Frühgeschichte der Bundesrepublik als gelungen beschrieben werden konnte, dann nur, weil nicht jeder HJ-Führer oder endsieggewisse Soldat sich nach dem Ende hatte vorhalten lassen müssen: wie konntest du nur? „Über das, was alle wussten, schwieg man." So konnte es zu einer Wiederaufbaukooperation kommen zwischen denen, die sich auf unwidersprechliche Weise geirrt hatten, und jenen, die das Unheil schon früh hatten kommen sehen und die Recht behalten hatten. Statt sich vergangenheitsfixiert darauf zu stürzen, was gewesen war, orientierte man sich zukunftsorientiert darauf, was werden sollte.

Lübbes These vom integrativen Sinn des Beschweigens der Vergangenheitslasten wurde vorgeworfen, sie verkläre die deutsche „Verdrängung" des Nationalsozialismus. Lübbe hielt dem entgegen, dass es wohl ein Beschweigen, aber keine Verdrängung gegeben habe. Er erinnerte daran, dass inzwischen kein Abschnitt der deutschen Geschichte so intensiv erforscht und politisch und medial so präsent sei wie der Nationalsozialismus. „Die professionelle Historiographie von Anfang und Ende der Hitler-Diktatur ist regelmäßig bestsellerträchtig."[30] Mit größerem zeitlichen Abstand sei nicht nur kein Verblassen der

Erinnerung ans Dritte Reich verbunden gewesen, sondern im Gegenteil habe die politische und kulturelle Aufdringlichkeit dieser Erinnerung zugenommen. Es sei zu einer regelrechten „Hitler-Welle" gekommen, die freilich auch etliche Meisterwerke hervorgebracht habe, wie etwa Joachim Fests Hitler-Biographie[31] oder Sebastian Haffners exzellente *Anmerkungen zu Hitler*.[32] Lübbe stellt sich die Frage, wieso uns das Dritte Reich heute intensiver beschäftigt als damals. Er findet eine Antwort darauf in der Generationenabfolge. Die übergroße Mehrheit der Bevölkerung bestehe heute aus Angehörigen von Generationen, die an die Hitler-Diktatur keinerlei autobiografisch darstellbare Erinnerung mehr habe – mit weitreichenden Wirkungen. Dabei gelte es, sich drei fundamentale Voraussetzungen der deutschen Nachkriegsgeschichte vor Augen zu halten.

Erstens: Der Zusammenbruch des Dritten Reichs war vollständig und vernichtend. Die seit 1943 sich abzeichnende Niederlage traf die Deutschen „mit einer Wucht, die jedes Räsonnement über die Bedingungen ihrer militärischen Vermeidbarkeit niederschlug." Sie ließ keinerlei Dolchstoßlegenden zu.

Zweitens: der Untergang war nicht anders zu begreifen denn als Folge eigener Entscheidungen und Handlungen. Man hatte sich das Desaster selbst zuzuschreiben.

Drittens: Die Verbrechen der nationalsozialistischen Herrschaft waren so offensichtlich und moralisch so erschütternd, dass die nationalsozialistische Ideologie, vor allem in ihren lebensraumgewinnorientierten und rassistischen Kerngehalten, vollständig diskreditiert und nicht mehr wiederbelebungsfähig war.

In Nürnberg urteilten die Alliierten die Machthaber des NS-Regimes ab. Gegen kleinere Schergen des administrierten Verbrechens wurden Ende der 50er, Beginn der 60er Jahre langsam in zunehmender Zahl Ermittlungsverfahren eröffnet.

„Zur nationalsozialistischen Realität gehörten aber ebenso die schließlich weit mehr als Dutzendmillionen registrierter Parteigenossen, die noch größere Zahl mitlaufender Volksgenossen, darüber hinaus die unter der überwältigenden Wirkung der Anfangserfolge Hitlers sogar aus nazifernen weltanschaulichen und politischen Räumen schließlich ihm Zugewandten – kurz: die Mehrheit des Volkes."[33]

Wie konnte nach 1945 der neue deutsche Staat auf diesem Hintergrund eingerichtet und auf einem gedeihlichen Pfad stabilisiert werden? Wie ging man nach dem Krieg miteinander um? Lübbe sieht eine „nicht-symmetrische Diskretion", die diese Entwicklung ermöglichte. Das verfolgte Nazi-Opfer und der Ex-Nazi-Kollege verzichteten darauf, die Situation besonders hervorzukehren oder auszunutzen, die sich aus der Differenz der politischen Biographien ergab.

„In dieser Diskretion vollzog sich der Wiederaufbau der Institution, der man gemeinsam verbunden war, und nach zehn Jahren war nichts vergessen, aber einiges schließlich ausgeheilt."[34]

Diese Zurückhaltung in der öffentlichen Thematisierung individueller und institutioneller Nazi-Vergangenheiten habe die Frühgeschichte der Bundesrepublik gekennzeichnet. Sie war von dem Bemühen gekennzeichnet, nicht die Vergangenheiten, wohl aber ihre Subjekte in den neuen demokratischen Staat zu integrieren. Lübbe sah darin keine „Verdrängung", denn, so fragte er, wie sollte es möglich sein, das zum Verschwinden zu bringen, was doch Millionen mit eigenen Augen gesehen hatten – von brennenden Synagogen bis zu den KZ-Dokumentarfilmen, zu denen die Besatzungsmächte die deutsche Bevölkerung kommandiert haben?

Die vergangene Realität des Dritten Reiches sei nicht etwa in Dunkelzonen des deutschen Selbstbewusstseins abgeschoben worden, sondern habe im Gegenteil ständig an dokumentarischer, literarischer und historiographischer Präsenz gewonnen. Als Beleg führt Lübbe die hohen Auflagen zweier Veröffentlichungen an, die mich als Heranwachsender in den frühen sechziger Jahren nachhaltig beeindruckt und beeinflusst haben. Sie sind bis auf den Tag geschätzte Zeugen in meinem Bücherregal: Walther Hofers ***Dokumente des Nationalsozialismus***[35] und Eugen Kogons unmittelbares Nachkriegswerk *Der SS-Staat*.[36] Lübbe sieht die Schatten der Vergangenheit umso länger werden, je tiefer das Dritte Reich in den Zeithorizont zurücksinkt.[37]

Dass ein Großvater, der als militärisch Geschlagener und politisch des Irrtums Überführter aus den Gefangenenlagern der Briten in der Lüneburger Heide heimkehrt, womöglich belastet mit Traumata und eigenen Gefühlen von Schuld und Reue, seinem heranwachsenden Enkel gegenüber wenig Veranlassung sah, über seine Rolle im Dritten Reich zu sprechen, ist für mich heute nachvollziehbar. Man muss sich einmal vorzustellen versuchen, was es bedeutete, „sich als Ex-Nationalsozialist unter radikal veränderten und zugleich politisch-moralisch neu unwidersprechlich gemachten normativen Lebensvoraussetzungen wiederzufinden".[38]

Lübbe sieht in der Generation der 68er Jugend- und Studentenbewegung – der ich mich ja durchaus zurechnen lasse – eine Weigerung, sich die deutsche Nazi-Vergangenheit mit ihren Belastungs- und Verunsicherungsfolgen als Teil der eigenen Herkunftsgeschichte zurechnen zu lassen. Wer wie die Studentenbewegung im Gefolge marxistischer Theorien den Faschismus als eine lediglich zugespitzte Form des Kapitalismus beschreibe, delegitimiere die Bundesrepublik als eine Gesellschaft der unvollendeten Überwindung des Nationalsozialismus.

Wenn ich in meiner Studienzeit marxistische Positionen vertreten habe, so lag dem die Überzeugung zugrunde, dass dem kapitalistischen System die Entartung zum Faschismus prinzipiell innewohne. Die Ereignisse in Chile im September 1973 – die Absetzung Allendes und der von der USA unterstützte blutige Putsch gegen eine gewählte Links-Regierung durch eine Militärjunta unter General Pinochet – sowie der Krieg der USA gegen die Befreiungsbewegung des Vietcong schienen mir damals, in der ersten Hälfte der siebziger Jahre, solche – aus heutiger Sicht: kurzschlüssigen – Positionen zu bestätigen.

Für die Frühgeschichte der Bundesrepublik Deutschland kann man festhalten, dass man braune Biographieanteile eher auf sich beruhen ließ und mit ihnen durch kommunkatives Beschweigen umging. Unter den Prämissen von Wiederaufbau und Kaltem Krieg war es weniger wichtig, woher einer kommt, als wohin er zu gehen willens war.[39]

Für den Umgang mit solchen Biographie-Anteilen kann man Lübbes streitbarem Essay zwei Impulse entnehmen.

Er warnt davor, Zugehörigkeiten zu Organisationen von Staat und Partei des Dritten Reiches leichtfertig zum Anlass von Mitteilungen im Gestus der Aufdeckung, ja der Entlarvung zu nehmen.[40] Und er erinnert daran, dass wir gemeinhin über keinen Einblick in die moralische Binnenbefindlichkeit von Individuen verfügen, der uns Nachgeborenen zu moralischen Urteilen berechtigte[41], zumal es inzwischen ein weitgehendes Unverständnis von Lebenslagen in totalitären Regimen gebe.

Unbeschadet einer unzweideutigen Haltung zum nationalsozialistischen Schreckensregime geht es also weder um Entlarvung noch um moralische Verdammung, wenn ich mich mit der Vergangenheit des Großvaters im Nationalsozialismus befasst habe, sondern darum, den Menschen Heinrich Wessel und sein Werden zu verstehen. Damit rücken historische Konstellationen, kulturelle Einflüsse, Zwangslagen, organisatorische Weichenstellungen und soziale Mechanismen in den Fokus, die dazu geführt haben, dass er Parteigenosse, Mitglied in einer der SS unterstellten Organisationseinheit der Deutschen Reichspost und damit zu einem Rädchen in einer grausamen Vernichtungsmaschine geworden ist. Als Richtschnur kann ich mir das zueigen machen, was der Autor Reinhard Kaiser-Mühlecker seinen Schriftstellerkolleginnen und -kollegen zur Aufgabe macht:

„Leser folgen Büchern vor allem deshalb: weil sie spüren, dass da jemand versucht, den Menschen zu ergründen, und dass sie eingeschlossen, mitgemeint sind. Freilich geht es auch anders. Man muss nicht ergründen, man kann auch aburteilen, verhöhnen, verdammen. Aber das kommt mir ebenso wie das – ironische oder nicht –

Sichdistanzieren zu einfach vor. Viel schwerer ist es, zu versuchen, den anderen zu verstehen, wenn man die Haltung des anderen [...] ablehnt."[42]

Verstehen, ohne zu verharmlosen oder zu entschuldigen; wissen wollen, ohne zu entlarven; das individuelle Lebensschicksal in seiner Verwobenheit mit der Familiengeschichte und den mächtigen Strömen der Zeitgeschichte zu entschlüsseln: darum ging es mir in diesem Abschnitt über meinen Großvater. Ich schließe diesen Abschnitt mit einem Gefühl von Ambivalenz.

Für die schlimmsten Befürchtungen habe ich keine Anhaltspunkte entdecken können, sagt eine Seite von mir, nicht ohne Erleichterung. Heinrich Wessel ist der Waffen-SS nicht individuell beigetreten, sondern ist ihr durch seine Mitgliedschaft bei der Fronthilfe Deutsche Reichspost formal unterstellt worden. Hinweise darauf, dass er an Massakern oder Verbrechen gegen die Menschlichkeit in Italien aktiv beteiligt gewesen ist, habe ich keine finden können.

Es ist schlimm genug. Darauf besteht die andere Seite. Es gibt Formen des Schuldigwerdens jenseits von konkreter Tatschuld, die durch Dabeisein, Zulassen und Hilfsdienste erworben wird. Was Heinrich Wessel in Italien im einzelnen gesehen, gehört und erlebt hat, das wissen wir nicht. Auch darüber, wie er das später verarbeitet hat, kann ich nur spekulieren. Ich sehe ihn im Zusammenleben mit seiner Frau Anna, mit seiner Tochter Ulla und der Familie seiner Tochter Anita in der Beschaulichkeit seines Hauses mit großem Obstgarten und Hühnerhof (siehe Abb. 51 mit Vater Gerd und Schwester Dora) noch Jahre des Friedens und relativer Zufriedenheit genießen. Ob sein früher Tod – er stirbt, gerade pensioniert, fünfundsechzigjährig Ende August 1966 an einem Gehirnschlag[43] – in Verbindung mit dem zu sehen ist, was er in Italien „mitgemacht" hat, habe ich mich dennoch manches Mal schon gefragt. –

Kapitel 3
„Ein Häuslein liegt im Föhrenwald" – die Urgroßeltern Gerd und Sophie Wessel

Die Forschungen zur Biographie meines Großvaters mütterlicherseits hatten mir vor Augen geführt, dass in den Archivkisten noch Schätze schlummern, die auf Entdeckung warten – Fotos, Dokumente, Briefe. So sensibilisiert, wird der Zufall eines Jubiläumsdatums zum Anreiz, mit der familiengeschichtlichen Spurensuche fortzufahren. Am 25. Januar 2022 wird mir, eher zufällig bewusst, dass dies der Tag ist, an dem mein Urgroßvaters Gerd Wessel vor 150 Jahren geboren wurde. Ich registriere diesen Jahrestag zu Beginn des dritten Coronajahres und verspüre einen Impuls, dem Leben des Urgroßvaters und seiner Frau intensiver nachzugehen.

Warum ist mir dieser Ahne eine Nachforschung wert? Ich habe ihn als Kind noch persönlich erlebt, im Haus der Großeltern, in dem er seine letzten Lebensjahre verbrachte. Auch wenn ich mitbekommen habe, dass ihn Kinder nervten, fand ich ihn interessant und auf seine Art bewundernswert. Er war knorrig, schlank und rank – anders als sein Sohn Heinrich. Anders als sein Sohn ist er alt geworden, uralt für seine Generation, 92 Jahre. Bevor er nach Bielefeld in den Haushalt der Großeltern geholt wurde, lebte er nach dem Tod seiner Frau Sophie weiterhin in einem abgelegenen Waldwärterhaus in den Föhren von Luttum, einem Dorf an der Aller, nahe bei Verden.

Einmal habe ich ihn mit den Eltern dort besucht. Schon als kleiner Dötz war ich beeindruckt von seinem Leben allein im Wald, abseits des Dorfes. Es war düster in seinem

Kotten und etwas schmuddelig. Seine Schwiegertochter, meine Oma, war entsetzt über die Zustände. Ich aber fand es urig und anziehend. Andere in der Familie hatten regelrecht Angst vor ihm, so seine Enkelin Ursula oder meine Brüder Thomas und Ulrich. Mich hingegen haben schon als Kind Erscheinung und Lebensweise des alten Mannes beeindruckt. Ich verfüge über einige Fotos von Gerd Wessel und seiner Frau Sophie, geb. Huxol. Erhalten sind auch einige wenige Briefe der Urgroßmutter Sophie Wessel.

Wenn es mithin einzelne Quellen gibt, die Hinweise auf das Leben der Urgroßeltern, drei Generationen vor mir, geben können, dann ist das Unterfangen nicht von vornherein aussichtslos. In günstigem Fall könnte sich eine Kontrastfolie für die eigene Biografie anbieten und damit mögliche Antworten auf die Frage, woher ich komme. Dabei bin ich weit davon entfernt, mich selbst über meine Vorfahren zu definieren, obliege also keiner „Obsession der Herkunft"[1], finde es aber spannend, die Lebenswelten der Vorväter zu erhellen.

Das Geburtsjahr 1872 und ein früher Verlust

Eine durch einen Standesbeamten ausgeführte Geburtsurkunde von Gerd Wessel existiert nicht, dafür aber eine kirchliche Geburts- und Taufbescheinigung, die sich auf das Geburts- und Taufbuch der evangelisch-lutherischen Parodie zu Martfeld bezieht (Jahrgang 1872, Pag. 226, Nr. 8). Diese in Sütterlin handschriftlich verfasste Urkunde wird am 18. Januar 1897 durch den Pastor G. Thoele beglaubigt (Abb. 24). Genau wie sein Vater soll der am 25. Januar 1872 geborene eheliche Sohn Gerd Heinrich Wessel heißen.

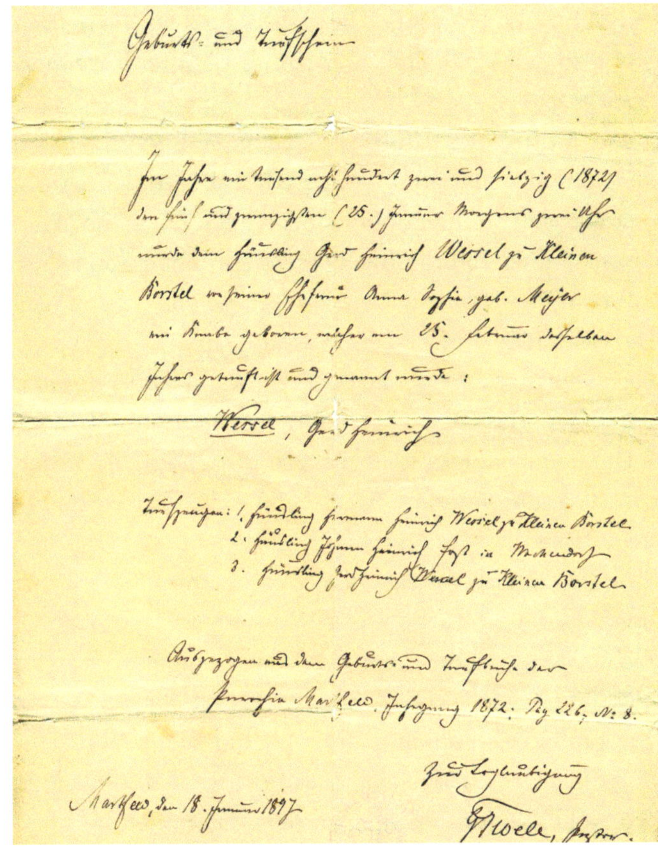

Geburts- und Taufschein

Im Jahre ein tausend acht hundert zwei und siebzig (1872) den fünf und zwanzigsten (25.) Januar Morgens zwei Uhr wurde dem Häusling Gerd Heinrich Wessel zu Kleinen Borstel von seiner Ehefrau Anna Sophie, geb. Meyer ein Knabe geboren, welcher am 25. Februar desselben Jahres getauft ist und genannt wurde:

Wessel, Gerd Heinrich

Taufzeugen: 1. Häusling Hermann Heinrich Wessel zu Kleinen Borstel
2. Häusling Johann Heinrich Fust in Mackendorf
3. Häusling Gerd Heinrich Wessel zu Kleinen Borstel

Ausgezogen aus dem Geburts- und Taufbuche der Parochie Martfeld, Jahrgang 1872: Pag. 226, No. 8.

Zur Beglaubigung

Martfeld, den 18. Januar 1897

[illegible], Pastor.

Abb. 24

In welche Familie der Urgroßvater geboren wurde, wieviel Geschwister er hatte und wo er in der Geschwisterreihe stand, wie die Familie wirtschaftlich und sozial gestellt war: dazu finde ich erste Hinweise in Sterbeurkunden. Der Vater Gerd-Heinrich Wessel (also mein Ur-Urgroßvater) wird am 29.10.1832 in Kleinenborstel geboren; er ist ein Sohn des Häuslings Heinrich Wessel zu Kleinenborstel und seiner Ehefrau Margarete, geborene Helmers; auch er ist Häusling.[2]

Die Mutter des Urgroßvaters, Anne Sophie Wessel, wird am 10. Juni 1838 in Süstedt geboren; sie ist also fast sechs Jahre jünger und Tochter der unverehelichten Sophie Meyer. Ururgroßvater Gerd und Anne Sophie heiraten im Mai 1865 in Vilsen. Erst sechseinhalb Jahre nach der Eheschließung wird mein Urgroßvater Gerd geboren. Die Namensgebung nach seinem Vater könnte darauf verweisen, dass er der Erstgeborene war.

Das Familienglück sollte nicht lange dauern. Mit 48 Jahren stirbt der Vater am 24.11.1880 – da ist Gerd gerade acht Jahre alt. Anne Sophie Wessel steht allein mit dem Kind (und möglichen weiteren Geschwistern). Sozialversicherungen und Witwen- und Waisenrenten gibt es noch nicht. Die wird Otto von Bismarck erst einige Jahre später einführen. Offensichtlich hat Gerds Mutter noch einmal geheiratet. Mir liegt ihre Sterbeurkunde vom 26.10.1917 vor; die lautet auf den Namen Anna Sophie Allerheiligen. Sie wohnt zu jener Zeit in Verden, zusammen mit einer verwitweten Schwiegertochter. Das etwas windschiefe alte Fachwerkhaus in der Stienchenstraße 2, mitten in der Stadt, in dem sie wohnte und starb, ist noch heute erhalten und denkmalgeschützt. (Abb. 25)

Manches deutet darauf hin, dass Gerd Wessel, der Urgroßvater, irgendwann nach dem achten Lebensjahr mit einem Stiefvater und Stiefgeschwistern groß geworden ist, was womöglich kein Zuckerschlecken war. Aber das ist Spekulation. In jedem Fall wird der frühe Tod des Vaters einen deutlichen Schatten auf Kindheit und Jugend

Abb. 25

des Urgroßvaters geworfen haben – wirtschaftlich, sozial und emotional. Auch wenn man sich die Beziehung zwischen Vätern und Söhnen zu jener Zeit weniger eng und emotional als heute vorstellen muss, so war der Tod des Vaters doch ein tiefgreifendes Verlusterlebnis für den heranwachsenden Gerd.

Das 19. Jahrhundert und die Reichsgründung 1871

Bei allen gravierenden Unterschieden und Unvergleichbarkeiten – wenn ich nach Parallelen zwischen der Biographie des Urgroßvaters und dem eigenen Lebensweg suche, kann ich eine ausmachen: er und ich wurden beide jeweils ein Jahr nach einem einschneidenden politischen Neuanfang geboren: ich 1950 – ein Jahr nach Gründung der Bundesrepublik Deutschland auf dem Boden der drei westlichen Besatzungszonen am 23. Mai 1949; er

1872 – ein Jahr nach der deutschen Reichsgründung am 1.1.1871 und Proklamierung des Deutschen Kaiserreichs im Spiegelsaal von Versailles am 18. Januar 1871.

Beiden politischen Umbrüchen gingen Kriege voraus: der Gründung der Bundesrepublik mit dem Zweiten Weltkrieg bekanntlich die größte militärische Katastrophe, die die Welt bis dahin erlebt hatte. Vor der Reichsgründung im 19. Jahrhundert kam es zu drei – aus heutiger Sicht „kleineren" – Kriegen: dem Krieg um die Gebiete Schleswig und Holstein, die damals ein Teil von Dänemark waren (1864); dem Krieg zwischen Preußen und Österreich 1866, der zur vorübergehenden Auflösung des Deutschen Bundes führte; und dem Deutsch-Französischen Krieg von 1870, in dem die preußisch-deutsche Armee das kaiserliche Frankreich besiegte.

Motor und Architekt der Reichsgründung war Otto von Bismarck.[2a] Er führt das Deutschen Kaiserreich als langjähriger Reichskanzler (1871–1890) in eine nachhaltige wirtschaftliche Aufschwungphase.

„Es gab kein Ereignis im 19. Jahrhundert, das die öffentlichen Emotionen der Deutschen stärker bewegt hat als die Gründung des Reichs im siegreichen Krieg gegen Frankreich 1870/ 71. […] Die deutsche Einigung, der Sieg gegen Frankreich, die Errichtung des Reichs mit seiner Verfassung – dieses Bündel zusammengehöriger Begebenheiten galt […] als größtes historisches Ereignis des Jahrhunderts und, grundsätzlicher noch, der deutschen Geschichte überhaupt."[3]

Die Reichseinigung und der gewonnene deutsch-französische Krieg entfalteten eine stark stimulierende Wirkung auf die wirtschaftliche Entwicklung. Im Vergleich zu

England setzte die industrielle Revolution in Deutschland später, dafür aber mit einer umso größeren Dynamik ein. „Die Phase von 1873 bis 1914 lässt sich mit dem Begriff der 'Hochindustrialisierung' überschreiben. Nach einer Phase ungleichmäßig verlangsamten Wachstums und sinkender Preise 1873–1896 folgte 1896–1913 eine stürmische Aufstiegsphase mit leicht inflationärer Tendenz."[4] Das Sozialprodukt wuchs in dieser Periode um ein Vielfaches; es kam freilich nicht allen Bevölkerungsgruppen gleichmäßig zugute.

Der Übergang von der Agrar- zur Industriegesellschaft verlief krisenhaft. Die Landwirtschaft blieb zwar bis Ende des Jahrhunderts der wichtigste Wirtschaftssektor, verlor aber zunehmend an Bedeutung. Der Anteil der Bevölkerung, der in der Landwirtschaft tätig war, lag zum Zeitpunkt der Geburt von Gerd Wessel bei rund der Hälfte der Beschäftigten; bis 1907 ging er auf ein Drittel zurück. Das Problem der deutschen Landwirtschaft entstand durch einen sich entwickelnden agrarischen Weltmarkt zu jener Zeit.[5] Politisch läutete das Dreikaiserjahr 1888 – Gerd Wessel war da gerade sechzehn Jahre alt – das Ende der Ära Bismarck ein und führt in das Wilhelminische Zeitalter, das für seine weitere Entwicklung bestimmend gewesen sein dürfte.

Das 19. Jahrhundert ist in seiner ganzen Widersprüchlichkeit nicht leicht zu verstehen. Es war zugleich ein friedliches und ein kriegerisches Jahrhundert, agrarisch und industriell, monarchisch und bürgerlich, traditionell und modern, in dem es die Menschen immer stärker vom Land in die Städte zog.

„Aus heutiger Perspektive ist das 19. Jahrhundert weit entfernt, es erscheint uns fremd und bisweilen exotisch. In ihm lebte viel aus den vorangehenden Jahrhunderten weiter, was mittlerweile völlig verschwunden ist. Andererseits ist es in der deutschen Geschichte das Jahrhundert, das der klassischen Moderne zum Durchbruch half, bevor sie in den Diktaturen, Kriegen und Katstrophen des 20. Jahrhunderts in eine tiefe Krise geriet und sich danach nur noch in gebrochener Gestalt und zugleich im Modus der Selbstkritik weiterentwickelte."[6]

So charakterisiert Jürgen Kocka das 19. Jahrhundert als Epoche der Industrialisierung, als Jahrhundert eines beschleunigten Bevölkerungswachstums und der Wanderungen vom Land in die Stadt, als ein bürgerliches Jahrhundert mit allgemeinen staatsbürgerlichen Rechten und Pflichten und als Zeitalter der Nationenbildung. „Dazu gehörten auch große Schritte der Emanzipation aus feudalen und ständischen Bindungen auf dem Lande ..."[7]

Eine Gesamtdarstellung des Kaiserreichs gibt es nicht und kann es nach Ansicht des Historikers Christoph Nonn auch nicht geben: „Die historische Forschung über die deutsche Geschichte zwischen 1871 und 1918 füllt schließlich ganze Bibliotheken. Zudem kommen ständig neue Erkenntnisse über diese Zeit hinzu, werden lange für Gewissheit gehaltene Annahmen widerlegt, ändern sich die Fragen, die in der Gegenwart an die Vergangenheit gestellt werden."[8] Er betont eine ungeheure Vielschichtigkeit des Lebens im deutschen Kaiserreich:

„Dieses Leben war geprägt von immenser wirtschaftlicher Dynamik bei weitgehendem politischen Stillstand, demokratischen Lernprozessen und autoritärer Verkrus-

tung, bahnbrechenden Sozialreformen und heftigsten sozialen Konflikten. Vor allem aber war die Zeit des Kaiserreichs eine faszinierend-bunte Epoche mit lebendigen Menschen, die sie gestalteten und durchlebten."[9]

Unvollständig bliebe die zeitgeschichtliche Skizze dieses Jahrhunderts, würde man nicht die Rolle erwähnen, die dem Nationalismus als „kulturellem Kitt" zukommt, der die vielfältigen Widersprüche zusammenhielt und in den Hintergrund drängte. Nationalismus – die dezidierte, oft leidenschaftliche Identifikation mit der eigenen Nation – *„wurde zur wohl mächtigsten sozialen und politischen Gestaltungskraft des langen 19. Jahrhunderts. Nationalismus war Ideologie und Bewegung, Mentalität und Praxis zugleich. In dem Maß, wie ältere Bindungen religiöser, ständischer und lokaler Art an Wirkung verloren, drang Nationalismus in die dadurch entstehenden Freiräume ein. Oder er amalgamierte sich mit älteren und anderen Identifikationen. Er definierte Zugehörigkeiten und Abgrenzungen, motivierte zu Anstrengung und Engagement, Hingabe und Hass, begründete Sinn und erfüllte oftmals die Funktionen einer veritablen Ersatzreligion."*[10]

Diese Entwicklung war im Übrigen nicht nur im deutschen Kaiserreich zu beobachten, sondern überall in Europa, in Frankreich ebenso wie in England und Italien. Einer so mächtigen kulturellen Strömung kann sich der Einzelne nur schwer entziehen.

Generationsgenossen als Brückenbauer?

Wenn damit die Zeit, in die die Urgroßeltern hineingeboren wurden, mit einigen Skizzenstrichen wenigstens erste Konturen bekommen hat, dann frage ich mich, welche

Zeitgenossen es gibt, die möglicherweise eine Brücke bauen können zu dieser Generation, zu ihrer Gedanken- und Gefühlswelt?

Bertrand Russell ist im selben Jahr wie der Urgroßvater 1872 geboren: Philosoph, Mathematiker und Träger des Nobelpreises für Literatur, den er 1950 bekam „als Anerkennung für seine vielseitige und bedeutungsvolle Verfasserschaft, worin er als Vorkämpfer von Humanität und Gedankenfreiheit hervortritt". So unvergleichlich, ja konträr die beiden Biographien auch sein mögen – hier der hochgebildete englische Philosoph und Mathematiker, dort der kaum alphabetisierte niedersächsische Waldwärter, hier der Pazifist, dort der kaisertreue Untertan im Soldatenrock – beide wurden ungewöhnlich alt. Gerd Wessel stirbt 92-jährig 1964 in Bielefeld; Bertrand Russell 1970 in seinem Geburtsort in Wales.

Wenn man den Blick über das Jahr 1872 hinaus etwas weitet und die im selben Jahrzehnt Geborenen einbezieht, so kommen zwei Persönlichkeiten ins Bild, die mich mit ihren Romanen, Gedichten und Essays, aber mit ihren Äußerungen zu politischen und gesellschaftlichen Fragen beeindruckt haben. Thomas Mann wurde im Juni 1875 als Sohn einer Lübecker Kaufmannsfamilie geboren, einen Monat vor meiner Urgroßmutter Sophie Huxol. Sein erster Roman *Buddenbrooks* erschien 1901 und gilt heute als der erste Gesellschaftsroman von Weltgeltung in deutscher Sprache. Er erzählt von dem allmählichen Niedergang einer wohlhabenden Kaufmannsfamilie und macht damit Rolle und Selbstwahrnehmung des hanseatischen Großbürgertums im 19. Jahrhundert zum Thema. Sein Roman *Der Zauberberg* von 1924 führt die Tradition des europäischen Bildungsromans fort. Für sein literarisches Werk erhielt er 1929 den Nobelpreis für Literatur. Nachdem er den Ersten Weltkrieg noch verteidigt hatte, wurde Thomas Mann ein entschiedener Gegner der Nationalsozialisten. Er musste deshalb 1933 emigrieren, erst in die Schweiz, dann 1938 in die USA. Dort kam ihm als Stimme des humanistisch-demokratischen Deutschlands großes politisches Gewicht zu. 1952 kehrte er nach Europa zurück und lebte bis zu seinem Tode 1955 in Zürich.

Der Generation der Urgroßeltern war im weiteren Sinne auch Hermann Hesse zuzurechnen, mit dem mich über seine Romane und Gedichte hinaus seine Liebe zu dem Schweizer Südkanton Tessin verbindet. Hermann Hesse wurde am 2. Juli 1877 im württembergischen Calw geboren. Er wuchs in einer behüteten intellektuellen Familie auf. Sein Vater, Johannes Hesse, war Sohn des Kreisarztes und Staatsrates Carl Hermann Hesse und Enkel eines von Lübeck nach Estland ausgewanderten Kaufmanns. Seine Mutter gehörte der internationalen Gemeinschaft der Basler Mission an; seine Großmutter Julie Gundert, geb. Dubois, tat sich als französischsprachige Schweizerin in der schwäbisch-kleinbürgerglichen Welt offenbar schwer. Hesse wurde nach anfänglicher Begeisterung durch die Erfahrung des Ersten Weltkriegs zum entschiedenen Kriegsgegner. Auf dem Monte Verità bei Ascona verfasste er 1917 den Roman *Demian*. 1922 erschien sein Indien-Roman *Siddharta*, in dem er seine Liebe zur indischen Kultur und zur asiatischen Weisheitslehre zum Ausdruck brachte. Die hatte er schon in seinem Elternhaus kennengelernt. Hesse zog nach seiner Scheidung 1919 in die Schweiz und siedelte schließlich in Montagnola, wo er am 9. August 1962 an Leukämie verstarb. Dort ist er auch begraben.

In den vierzig Jahren seines literarischen Schaffens entstehen nicht nur hunderte von einzigartig schönen Gedichten („Stufen"), sondern auch erfolgreiche Romane wie *Der Steppenwolf* (1927) oder *Das Glasperlenspiel* (1943). In seinem umfangreichen Werk gilt die Bewältigung von persönlichen Krisen als einer der Brennpunkte. 1946 bekam er den Nobelpreis für Literatur. „Nach dem Zusammenbruch des Nationalsozialismus, in dem Hesse als Vaterlandsverräter galt und kaum verlegt werden durfte, sollte der Welt ein unbelasteter und moralisch glaubwürdiger Vertreter des deutschen Geistes und deutscher Kultur gezeigt werden."[11]

Bücher und Schriften dieser Männer, die der Generation meines Urgroßvaters angehören, haben mich in meinem Leben inspiriert, ja sogar mit geformt. Bringen mich aber ihre Biografien meinem Urgroßvater näher? Ich spüre, dass eher das Gegenteil der Fall ist. Sie taugen allenfalls als Kontrastfolie. Es handelt sich bei ihnen um herausragende, höchst erfolgreiche Vertreter einer kleinen kulturellen bürgerlichen Elite. Alle drei bekommen den Nobelpreis für Literatur, eine der höchsten aller Auszeichnungen. Alle drei stehen in Herkunft, sozialer Lage und Erziehung für das aufstrebende Bildungsbürgertum und damit für eine völlig andere Welt als die, in der meine Vorfahren lebten.

Die verbrachten ihr Leben als Häuslinge auf dem Land, nicht in städtischen Gesellschaften; in der niedersächsischen Provinz, ohne eigene Bezüge zu anderen Weltregionen und -kulturen. Ihr Alltag war geprägt von körperlicher Arbeit, einfachem Leben, Waldwirtschaft, Ackerbau und Viehzucht. Die Annehmlichkeiten und Sicherheiten bürgerlichen Wohlstands waren ihnen verschlossen. In der einklassigen Dorfschule lernten sie gerade die Grundbegriffe des Rechnens und Schreibens; schon früh mussten sie mit anpacken. Förderung und Zuwendung erfuhren sie wenig; sie kamen nicht in den Genuss von Bildung, Kunst und Kultur wie Gleichaltrige aus bürgerlichen Familien in der Stadt, die aufs Gymnasium gingen.[12]

Ich wechsele die Perspektive und stelle den Fokus der Beobachtung auf die Region ein, in der Gerd Wessel und seine Frau Sophie gelebt haben: das Dorf Luttum bei Verden an der Aller. Dazu greife ich auf die Materialien der reichhaltigen Chronik zurück, die der Arbeitskreis Dorfchronik in dem Band *Unser Dorf Luttum* zusammengestellt hat.[13]

Im Nebel der Ahnenreihe: Altsteinzeit und Cherusker

Ein Abschnitt über die Frühgeschichte der Region bringt in Erinnerung, dass die Vorväter des 19. Jahrhunderts, so fern sie sich aus heutiger Perspektive auch ausnehmen mögen, in historischer Perspektive doch allernächste Verwandte sind, die aus dem grauen Nebel einer viele hundert Generationen umfassenden Ahnenreihe auftauchen. Die Gene und Prägungen dieser unübersehbar langen Reihe von Vorfahren sind in uns, den heute Lebenden, bis heute wirksam – in unseren Körpern und Knochen, in unseren Hormonen und Hirnen.

In der Allerniederung findet man archäologische Funde, Feuersteinabschläge, die auf das Ende der letzten

Eiszeit, 9000 – 8000 vor Christi Geburt datiert werden. In der Altsteinzeit und in der Mittelsteinzeit (8000 bis 4000 v. Chr.) waren die Menschen noch nicht sesshaft. Sie lebten als Jäger und Sammler und bewohnten Lagerplätze in der Nähe von Flüssen, die sie über die Jahre hinweg immer wieder aufsuchten. Auf einer Sandkuppe oberhalb der Allerwiesen gräbt man Feuersteinwerkzeuge, Pfeilspitzen und Klingen aus, insgesamt mehr als 50 Kilogramm. Sie zeigen die Anwesenheit von Menschen von der Mittelsteinzeit bis zur Römischen Kaiserzeit an. In der Jungsteinzeit (4000–2000 v. Chr.) wurden aus Jägern und Sammlern sesshafte Bauern, die von Ackerbau und Viehzucht lebten. Aus dieser Zeit werden in der Region Steinbeile und Keramikbecher gefunden. Die Gemarkung Luttum gehört darüber hinaus zu den hügelgräberreichsten Regionen im Kreis Verden. Die Hügelgräber befinden sich sämtlich auf sandigen Anhöhen und stammen überwiegend aus der Bronzezeit (1700–1250 v. Chr.). Aus der älteren Eisenzeit gibt es bei Luttum Urnenfriedhöfe; aus dem 5. Jahrhundert vor Christi Geburt Schmuck- und Trachtenbestandteile. Andere Fundstellen legen kaiserzeitliche Keramikscherben (0 – 4. Jh n. Chr.) und Siedlungsplätze des frühen Mittelalters (7.–10. Jahrhundert) frei.

Das norddeutsche Tiefland war um Christi Geburt das Siedlungsgebiet der Germanen. Ihr Reichtum bestand in Viehherden. Noch lebten in den Wäldern Bären, Wölfe und Luchse, so dass Bauern und Hirten ständig Waffen trugen. Ob in dieser Region nun eher der germanische Stammesverband der Cherusker oder der der Chauken zuhause war, dürfte in diesem Kontext unerheblich sein. Beide erhoben sich gegen die Fremdherrschaft der Römer.[14]

Bessern

Der Ort, an dem Gerd Wessel und seine Frau Sophie große Teile ihres Lebens wohnten und arbeiteten, liegt abseits vom Dorf Luttum – nah der Aller, zugleich mitten im Wald. Er weist eine lange Geschichte auf und ist bei aller Kontinuität verbunden mit bewegenden Lebensläufen und Brüchen. Präziser als die Dorfchronik von Luttum kann man seine Lage nicht beschreiben:

„Vom Dorf Luttum etwa einen Kilometer in südöstlicher Richtung entfernt liegt der Ortsteil Hof Bessern. Der ca. 100 ha große Betrieb grenzt im Westen in Teilen an die Aller, im Norden an die Gemarkung Eitze, im Osten an die Landesstraße 160 und im Süden an die „Lutter Wischen". Heute wird in Bessern überwiegend Forstwirtschaft betrieben, Weide- und Ackerflächen sind an Luttumer Landwirte verpachtet."[15]

Dass dieses Gebiet seit Urzeiten als Siedlungsstätte genutzt wird, zeigen 25 Hügelgräber aus der jüngeren Stein/ Bronzezeit (2000–700 v. Chr.) und aus der Eisenzeit (700 bis 100 v. Chr) an. 1226 findet sich der Name Bestringhe in alten Registern erstmalig erwähnt; 1548 als thor Besßern . Von 1577 an lassen sich alle 14 Eigentümer der Hofstelle benennen. Gerd Wessel taucht in dieser Reihe nicht auf. Er war lediglich verdingter Forstwächter.

Über acht Generationen war der Hof Bessern von der Zeit des Dreißigjährigen Kriegs an (1618–48) im Besitz einer Familie Kruse. Letzte Besitzerin mit dem Namen Kruse war Anna-Marie (1849–1872). Sie war gerade ein Jahr alt, als ihre Eltern starben. Die Vollwaise wurde von dem Pastor in Wittlohe in Pflege genommen; der Hof verpachtet. 1871 heiratete Anna-Marie den Landwirt Matthias Heinrich Feldmann.

Nach nur einjähriger Ehe starb Anna-Marie am Kindbettfieber zusammen mit ihrem Kind. Der Besitz ging an ihren Ehemann. Der ließ die alte Hofstelle 1875 komplett abreißen. Auf dem Gelände der Hofstelle, vierhundert Meter nordwestlich des alten Hofes, errichtete er 1876 ein Waldwärterhaus, „um die Beaufsichtigung der Ländereien zu gewährleisten", wie es in der Chronik heißt. Er selbst erwarb das Rittergut Frankenfeld, zog dorthin und wurde Mitglied des Preußischen Landtags. Seine Tochter Luise Feldmann, verheiratet mit Oberst Wilhelm v. Schneider-Egestorf, erbte 1928 die Ländereien und das Waldwärterhaus. Heute lebt dort ihr Enkel Wilhelm Mühlmann mit seiner Frau in einem 1948 errichteten schmucken Fachwerkhaus, das gegenüber dem alten Waldwärterhaus liegt.[16]

In der Aller ertrunken

Es gibt eine Episode – Wilhelm Mühlmann, der heutige Besitzer und Bewohner des Anwesens von Bessern, erzählt sie mir bei meinem ersten Besuch – die eine Schätzung des Datums erlaubt, zu dem Gerd und Sophie das Waldwärterhaus bezogen haben. Gerd Wessel bekam die Stellung als Waldwärter auf Bessern aufgrund eines tragischen Unglücks. Sein Vorgänger war zu Tode gekommen, nachdem er das Schützenfest in Ahnebergen auf der anderen Seite des Flusses besucht hatte. Er wird dort, wie auf Schützenfesten üblich, das eine und andere Bier getrunken haben. Der Weg zurück nach Bessern über eine Brücke, entweder flussabwärts in Verden oder flussaufwärts in Rethem, hätte Stunden gedauert. Will er den Weg abkürzen und, so wie er wahrscheinlich auch gekommen ist, den an dieser Stelle etwa vierzig Meter breiten Fluss überqueren – schwimmend, mit einem Floß oder einem kleinen Boot? Jedenfalls überschätzte er dabei seine Kräfte und die Gefahren des Flusses, wohl auch die Wirkung des Alkohols, sei es auf das eigene Balancierungsvermögen, sei es auf die eigenen Schwimmfertigkeiten, noch dazu in nächtlicher Dunkelheit. Der Mann ertrank in der Aller. Das tragische Unglück des einen wird zum Neuanfang des anderen.

Nachdem ich diese Geschichte vom ertrunkenen Vorgänger gehört hatte, mache ich mich auf die Suche nach Quellen, die den Vorfall bestätigen und ihn zeitlich bestimmen. Bei einem zweiten Besuch in der Region im Januar 2023 suche ich das Dokumentationszentrum Verden im 20. Jahrhundert auf, in dem historische Ausgaben des *Verdener Anzeigenblatts* verfügbar sind. Was ich dort vorfinde, sind die Ausgaben für den Jahrgang 1907, gebunden in zwei Bänden. Die Bände des Jahrgangs 1906 befinden sich nicht in den Beständen. Dafür werde ich auf das Archiv der Stadt Verden verwiesen.

Ich blättere die Zeitungsseiten der Monate April bis August 1907 durch, jenes Zeitraums, in dem in dieser Region traditionell Schützenfeste stattfinden. Denn darum geht es ja: der Vorgänger im Amte eines Waldhüters von Gerd Wessel ertrinkt nach einem Schützenfest auf der anderen Seite der Aller auf dem Rückweg im Fluss. Gibt es Meldungen zu diesem Unglücksfall? Mit der Durchsicht der Journale von vor 115 Jahren tauche ich, unterstützt von meiner Frau, tief in vergangenes Leben ein. Am Ende schwirrt uns der Kopf von all den Trivialitäten, Unglücken und Tragödien, die die Zeitungsseiten jener Zeit wiedergeben.

Da wird ein Arbeiter von seinem Vorarbeiter um einen dreizehn Pfund schweren Schinken geprellt. In Kirchlinteln ist beim Gastwirt Cordes eingebrochen; entwendet werden 18 Hühnereier, eine Blechbüchse und 3,50 Mk. Das Schützenfest am 27. Mai in Eitze war von allerschönstem Wetter begünstigt. Eine Mutter schneidet ihrem zweijährigen Kind die Kehle durch und wirft sich unter den Zug. Zwischendurch Tipps, wie ein Rhabarberkuchen auf dem Blech gelingt. Immer wieder Unfälle mit Kutschen und Pferden, die durchgehen; oft auch die Klage über zu schnell fahrende Automobile, für die es endlich ein Gesetz brauche.

Am 28. Mai wird in der Aller bei den Luttumer Wiesen eine männliche Leiche angetrieben, mit einer gestrickten Jacke bekleidet. Dass es nicht der Waldwärter auf dem Rückweg vom Ahneberger Schützenfest ist, wird am Folgetag berichtet. Der Sohn des Anbauers Heinrich Dierks aus Walsrode, der in Wohlendorf bei Rethem als Dienstknecht in Stellung war, hatte sich in der Neujahrsnacht an der alten Sitte des Wurstsuchens beteiligt, war bei „herrschendem Schneewetter vom richtigen Wege abgekommen und in die Aller geraten, wo er seinen Tod fand". Für den 17. Juni wird in den Luttumer Wiesen ein Grasverkauf angezeigt; die Schützenkompanie Kirchwalsede lädt freundlich für den 16./17. Juni zum Schützenfest im schönen Schützenholze ein.

Das Ausmaß an schrecklichen Ereignissen ist in dieser Verdichtung nur schwer zu ertragen. So viele kleine Kinder, so viele junge Frauen in ihren Dreißigern, deren Tod angezeigt wird! So viele Menschen, die durch Pferde und Stiere, in Kutschen und Karren, bei Stürzen vom Heuboden oder vom Dach ums Leben kommen! In dem Jahrgang 1907 der Lokalzeitung findet sich aber keinerlei Hinweis auf den ertrunkenen Waldwärter von Bessern. Vielleicht ist das Unglück ja bereits ein Jahr früher passiert. Im einem Telefonat erklärt mir die freundliche Leiterin des Stadtarchivs in Verden, dass der Jahrgang 1906 des Verdener Anzeigenblatts wohl digitalisiert sei, sich im pdf-Format für jede einzelne Seite ohne Dateinamen aber so gut wie unerschließbar darstelle. Sie verweist mich auf das Archiv des Kreises.

Ich versuche, dem Vorfall auf anderem Wege noch auf die Spur zu kommen. Vielleicht gibt es in den Unterlagen der Ahneberger Schützen ein Hinweis darauf? Die Schriftführerin des Vereins nimmt meine Frage mit großer Hilfsbereitschaft auf und gibt sie weiter an ihr Netz von Familien- und Heimatforschern. Die durchforsten ihre Archivbestände für den Zeitraum von 1900 bis 1910 und finden – nichts. Damit muss ich mich einstweilen zufrieden geben. Manche Spuren verlaufen im Sand.

Vakanz und Bewerbung

Im Gespräch mit Wilhelm Mühlmann kommt die Frage auf: warum und wie hat Gerd Wessel die Stelle als Waldwärter auf Bessern bekommen? Welche Erfahrungen und Qualifikationen brachte er dafür mit? Wo und wie hat er sich beworben? Warum entschied man sich für ihn?

Es lohnt an dieser Stelle ein kleiner Ausflug in die Kulturgeschichte der Bewerbung, um die eigene Neigung zu erkennen, auf einen solchen Vorgang mit heutigen Vorstellungen zu blicken. Halbwegs transparente Arbeitsmärkte mit Stellenanzeigen und Arbeitsämtern haben sich im 19. Jahrhundert erst langsam entwickelt, im ländlichen Raum noch deutlich später.[17] Stellengesuche konnten damit nicht auf einen veröffentlichten Bedarf reagieren, sondern erfolgten häufig auf Gerüchte über Tod, Krankheit oder Flucht des bisherigen Stelleninhabers. Gerd Wessel muss die Nachricht vom ertrunkenen Waldwärter auf Bessern zu Ohren gekommen sein und daraufhin die Initiative ergriffen haben. Er wusste offenbar, an wen er sich zu wenden hatte. Weder ist ein Bewerbungsschreiben von Gerd Wessel noch sind Personalakten des Gutes Bessern überliefert. Soviel aber weiß man: einfache Leute ließen sich beim Verfassen ihrer Bewerbung oft helfen. Man musste über bestehende Schichtgrenzen hinweg von unten nach oben kommunizieren. Deshalb finden sich in den Bewerbungsschreiben jener Zeit in der Regel zahlreiche Symbole der Anerkennung eines extremen Ranggefälles. „Das eigene Ansinnen wurde gleichsam auf den Knien vorgetragen."[18]

Womöglich bedurfte es aber auch keiner schriftlichen Bewerbung. Matthias Heinrich Feldmann, der Witwer von Anna-Marie Kruse und Eigentümer von Gut Bessern, lebte zu jener Zeit auf dem Gut Frankenfeld in Hannover; er ließ seine Angelegenheiten im Allertal durch einen Verwalter regeln, der im Nachbardorf Armsen lebte. Dort wohnten freilich auch die Eltern von Sophie Wessel, geb. Huxol, seiner Frau. Die Vermutung liegt nahe, dass Gerd Wessel durch sie vom Unglückstod des Waldwärters in der Aller gehört hat, auch davon, dass der Verwalter einen Nachfolger suchte. Wenn Gerd Wessel für diese Aufgabe sein Interesse, eine hinreichende Erfahrung als

Waldbauer und seine kurzfristige Verfügbarkeit angezeigt hat, dann hatte er gute Chancen. Der Verwalter in Armsen wird ihn, einen Pachtbauern aus dem nur wenige Kilometer entfernten Hohenaverbergen, sowie seine Schwiegereltern vermutlich persönlich gekannt haben. Auf dem Lande kennt beinahe jeder jeden.

Nedden

Wir hatten Gerd Wessel eingangs als Halbwaisen in Kleinenborstel gesehen, der 1880 mit acht Jahren seinen Vater verliert und nach einer Wiederverheiratung seiner Mutter einen Stiefvater bekommt, der Allerheiligen heißt. Kleinenborstel liegt zwischen Bruchhausen-Vilsen und Martfeld, gut dreißig Kilometer südwestlich von Bremen, auf der Westseite der Weser. Wie kam er von dort nach Luttum? Der Zufall hilft mir bei der Beantwortung dieser Frage.

Bei einem ersten Besuch des Aller-Leine-Tals im Frühsommer 2022 miete ich mich in einer Ferienwohnung im benachbarten Dorf Neddenaverbergen ein, auf die ich im Internet gestoßen bin. Findet sich der Name dieses Dorfes nicht auch irgendwo in den alten Geburtsurkunden von Sophie Huxol, die mir zugefallen sind, frage ich mich. Ich komme mit der Hofwirtin ins Gespräch, die gleich einen Kontakt zu ihrem Nachbarn herstellt, einem pensionierten Tierarzt und ausgewiesenen Heimatforscher, Dr. Klaus Tietje. Einen kundigeren Gesprächspartner über die Geschichte dieser Region und ihrer Menschen hätte ich nicht treffen können. Gleich bei unserem ersten Treffen lässt er mich Kirchenbucheintragungen sehen, die verblüffende Ergebnisse zur Biographie meiner Urgroßmutter offenbaren.

Sophie Huxol wird auf dem Hof Eggers, Dorfstr. 7, der direkt neben meiner Ferienwohnung liegt, am 7.8.1875 geboren. Dort lebt sie als Kind, später als Magd. Im Laufe des Jahres 1893 wird Gerd Wessel sie kennen- und lieben gelernt haben. Sie entbindet ein Jahr später, mit neunzehn Jahren, unverheiratet, am 11.10.1894 auf diesem Hof von einem Jungen. Sie nennt ihn Gerd Heinrich, was man als Hinweis auf den Vater des Kindes lesen kann. Die Geburtsurkunde gibt seinen Familiennamen mit Huxol an. Gerd Wessel und Sophie Huxol heiraten zweieinhalb Jahre später, am 19.4.1897. Dem Ortsfamilienbuch Verden der St. Andreas-Gemeinde ist zu entnehmen, dass Sophie 1897 in Grafel/ Stemmen wohnt, 1898 in Hohenaverbergen.

Was diese nüchternen Angaben aus der Familiengeschichte für das Erleben der jungen Sophie bedeutet haben, ist nur zu erahnen. Welches Bangen, welche Hoffnungen! Die Pille gibt es noch nicht; das Kondom erlebte zwar seit Mitte des 19. Jahrhunderts in Europa einen Durchbruch, aber ob es zu jener Zeit in den Dörfern des Aller-Leine-Tals bereits verfügbar war, darf man bezweifeln. Ihre Regel bleibt aus; bange Wochen des Wartens folgen; erste Übelkeiten treten auf. Schließlich ist es unabweisbar: sie ist schwanger. Wie wird ihr Umfeld reagieren, ihr Dienstgeber, ihr Geliebter? Was stand dahinter, dass die Eheschließung erst zweieinhalb Jahre später erfolgt? Darüber kann man mehr als 125 Jahre später nur spekulieren. Manches deutet darauf hin, dass Sophie zu ihrem Erstgeborenen ein besonders inniges Verhältnis hatte, vielleicht gerade, weil seine Geburt für sie mit besonderen Prüfungen und Unsicherheiten verbunden war.

Gruppenbild mit Sophie

Nach meinen Recherchen hat Gerd Wessel in Hohenaverbergen für einige Jahre, geschätzt zwischen 1898 und 1907, eine Hofstelle gepachtet und bewirtschaftet. Darauf verweisen die Geburtsorte von dreien seiner fünf Kinder: In den Folgejahren kommen die Söhne Hermann (5.4.1898) und Heinrich (16.2.1901) in Hohenaverbergen zur Welt. Auch die Geburt von Tochter Dora am 5.12.1902 wird mit diesem Geburtsort eingetragen.

Es gibt ein einzigartiges Fotodokument aus dieser Zeit (Abb. 26). Es zeigt vor der Kulisse eines adretten niedersächsischen Bauernhauses Sophie Wessel mit ihren damals vier Kindern. Ihr fünftes ist zu dem Zeitpunkt noch nicht geboren. Das durchaus stattlich zu nennende Bauernhaus ist im Stil der Region rot geklinkert, mit weißen Fugen; die Räume im Erdgeschoss zeigen eine beinahe herrschaftliche Höhe. Für reichlichen Lichteinfall sorgen hohe doppelflügelige Fenster mit Sprossen, von denen fünf zu sehen sind.

Abb. 26

Es ist offenbar Herbst: ein gekälkter Obstbaum im Vordergrund – es könnte ein Zwetschgenbaum sein – trägt kein Laub mehr; anders hingegen ein noch licht belaubter Fliederbusch vor dem Haus. Auch das sich auf der Giebelseite des Hauses spiegelnde Licht, die langen Schatten und die Kleidung verweisen auf den Herbst. Sophie steht an der Ecke des Hauses; ihre Haare hat sie zu einem Knoten zusammen gebunden. Über einer dunklen Bluse mit langen Ärmeln trägt sie eine weiße Festtagsschürze. Gerd Wessel ist auf dem Foto nicht zu sehen, freilich nicht etwa, weil er das Foto gemacht hätte. Fotoapparate gab es zu der Zeit in bäuerlichen Haushalten nicht. Die Aufnahme wird ein Fotograf gemacht haben. Zu dem Anlass hat Sophie ihre Kinder auch besonders angezogen. Sie tragen alle Holzschuhe, die damals übliche Fußbekleidung, und hochgeknöpfte warme Joppen, Hermann und Heinrich auch Schirmmützen, was sie älter wirken lässt. Gerd, der Älteste, ist barhäuptig; er hat seine Kappe der kleinen Schwester Dora aufgesetzt.

Eine Schätzung des Alters der Kinder erlaubt eine grobe Datierung der Aufnahme: das Mädchen, Dora, die jüngste, im Dezember 1902 geboren, wird auf dem Bild knapp vier Jahre alt sein. Das würde auf den Herbst 1906 als Aufnahmedatum verweisen: Gerd wäre zwölf, Hermann (ganz rechts im Bild) achteinhalb Jahre alt und Heinrich, mein Großvater (zweiter von links), knapp sechs. Bedeuten würde das, dass die Familie im Herbst 1906 noch in Hohenaverbergen gelebt hat. Knapp zwei Jahre später, am 28.7.1908, bringt Sophie Wessel ihr fünftes Kind zur Welt, Johann. Der freilich kommt nicht mehr in Hohenaverbergen, sondern in Luttum zur Welt. Dieses einzigartige Foto legt mithin die Annahme nahe, dass ein Umzug der Familie in das Waldwärterhaus auf Bessern und die Übernahme der neuen Aufgabe als Waldhüter wahrscheinlich 1907 stattgefunden hat.

Mit diesem Foto bin ich durch Hohenaverbergen gezogen und habe nach dem abgebildeten Haus gesucht. Ich habe Bewohner des Dorfes gefragt, ob sie es kennen und wo ich es finden könnte. Durchweg bin ich auf offene Ohren gestoßen und auf freundliche Hilfebereitschaft, aber gefunden habe ich das Haus nicht. Der Altbauer Helmut Dreyer vom Hof Sandbarg fährt mit seinen mehr als neunzig Lebensjahren spontan los, um mir ein Exemplar der Dorfchronik zu besorgen, die im Anhang ein Verzeichnis der Hofstellen und Wohnhäuser des Dorfes mit ihren Eigentümern enthält, von 1600 bis 2008. Die Namen von Gerd und Sophie Wessel finden keine Erwähnung; Pächter und Bedienstete werden in dem Verzeichnis nicht aufgeführt. Ich erfahre, dass von den knapp drei Dutzend Höfen des Dorfes nicht alle die Zeitläufe überstanden haben. „1945 durch Kriegseinwirkung zerstört und bis auf die Grundmauern abgebrannt" ist dem Verzeichnis bei dem einen oder anderen Hof zu entnehmen oder: „Abbruch des Hauses wegen Baufälligkeit".

Nach Einschätzung des Heimatforschers Klaus Tietje kommen zwei Hofstellen in Hohenaverbergen in Frage, die in der fraglichen Zeit verpachtet waren: der Hof Nr. 7 mit dem Hofnamen „Lomens" oder der Hof Nr. 11, Hofname „Grellens". Hof Nr. 7 existiert nicht mehr. Auf dem Hof Nr. 11 in der Kleistraße 10 sind die Ländereien verpachtet, das Haus vermietet. Ähnlichkeiten mit dem auf dem Foto sichtbaren Gebäude konnte ich keine er-

Nr. 3

Luttum am 20 Februar 1901.

Vor dem unterzeichneten Standesbeamten erschien heute, der Persönlichkeit nach be kannt, Häusler Gerd Heinrich Wessel

wohnhaft in Hohenaverbergen lutherischer Religion, und zeigte an, daß von der Sophie Wessel geborene Hoyhol seiner Ehefrau lutherischer Religion,

wohnhaft bei ihm

zu Hohenaverbergen in seiner Wohnung am sechszehnten ten Februar des Jahres tausend neunhundert und ein Vor mittags um zwölf Uhr ein Knabe geboren worden sei und daß das Kind die Vornamen Heinrich Hermann August erhalten habe.

Vorgelesen, genehmigt und unterschrieben Gerd Wessel

Der Standesbeamte.
Göveke

Die Uebereinstimmung mit dem Hauptregister beglaubigt

Luttum am 20 Februar 1901.

Der Standesbeamte.
Göveke

Abb. 27, Geburtsurkunde Sohn Heinrich

kennen. In dem historischen Bestand der amtlichen Meldeunterlagen sind, so die Gemeinde Kirchlinteln, keine Informationen über die Familie Gerd und Sophie Wessel und ihre Kinder zu entnehmen.

Ich würde zu zweifeln beginnen, ob ich mit Hohenaverbergen auf dem richtigen Pfad bin, wenn nicht die Kirchenbuch-Einträge für Hermann, Heinrich und Dora diesen Namen als Geburtsort anzeigen würden (Abb. 27).[19]

Getreu bis in den Tod

Einundzwanzig Jahre später, am 9. November 1915, schreibt Sophie Wessel ihrem Sohn Gerd, der in Verdun an der Front kämpft, eine Karte. Auf der Vorderseite ist Vater Gerd, zu dem Zeitpunkt 43 Jahre alt, in Uniform neben einem Strauß weißen Dahlien zu sehen (Abb 28a). Sophie beginnt jeden der ersten drei Sätze mit der Anrede „Liebes Kind". Auch im weiteren Text bleibt die besorgte Mutter, beinahe flehentlich, bei dieser anrührenden Anrede an ihren 21-jährigen Sohn, einmal sogar in der Verdoppelung: „O, liebes Kind! Liebes Kind!" Er solle doch von sich hören lassen. Sie schließt die Karte mit dem doppelten „Auf Wiedersehen! Auf Wiedersehen!" Dazu wird es nicht mehr kommen. Es ist, als ahne sie, was ihrem Sohn in den Schützengräben von Verdun gerade geschehen ist.

Der Ausschnitt aus dem Verdener Anzeigenblatt hat mich schon als Kind beeindruckt, als ich ihn in der Fotokiste der Mutter erblicke (Abb. 29): Gerd Wessel, derzeit im Feld, und seine Frau Sophie, geb. Huxol, zeigen am 20. November 1915 den Tod ihres Sohnes Gerd an, der im 21. Lebensjahr, wie in der Anzeige zu lesen ist, in Frankreich den Heldentod für sein geliebtes Vaterland gefunden hat. Auf dem oberen Balken der schwarz umrandeten Todesanzeige prangt ein Heereskreuz; darunter ein Bibelspruch aus der Offenbarung des Johannes (2, 10):

Sei getreu bis an den Tod,
so will ich dir die Krone des Lebens geben.

Gemeint ist hier nicht nur die christliche Aufforderung zur Treue bis in den Tod, sondern die politische Treue des Untertanen, der für Kaiser und Reich in den Tod geht und damit die höchsten Sinngebung erlangt, die Krone des Lebens. Dass diese Deutung nahe liegt, zeigt der Sechszeiler am Ende der Traueranzeige:

Du zogst hinaus in Feindesland,
fürs deutsche Recht zu streiten.
Du mußtest dort fürs Vaterland
den Heldentod erleiden.
Die Freude Deiner Wiederkehr
ist nicht vergönnt den Deinen,
Und mögen sie auch noch sehr
ihr Liebstes nun beweinen.
Nun ruhe sanft im Heldengrab,
befreit von allen Schmerzen!
Die Liebe, die Dich hier umgab,
lebt fort in unsern Herzen.

Gleich darunter eine Anzeige: Dienstag ist Fischtag: Fischkarbonade zu billigen Preisen!

Am 9. Januar 1916, sechs Wochen später, schreibt Sophie an ihren Mann im Felde eine Karte, die sie mit ihren beiden jüngsten Kindern zeigt, Dora und Johann. „Schreib doch mal, wenn Du unser Bild hast. Wir bekommen gar keine Nachricht von Dir." (Abb. 30)

Abb. 28

Offenbarung Joh. 2, 10: Sei getreu bis an den Tod, so will ich dir die Krone des Lebens geben.

Wir erhielten die tieftraurige Nachricht, daß unser lieber, guter Sohn, Bruder, Schwager und Neffe, der Füsilier

Gerd Wessel,

im 21. Lebensjahre in Frankreich den Heldentod für sein geliebtes Vaterland gefunden hat.

In tiefer Trauer:

Gerd Wessel, z. Zt. im Felde, und Frau Sophie, geb. Huzol, nebst Geschwistern und Verwandten.

Luttum, den 20. November 1915.

Du zogst hinaus in Feindesland, fürs deutsche Recht zu streiten.
Du mußtest dort fürs Vaterland den Heldentod erleiden.
Die Freude Deiner Wiederkehr ist nicht vergönnt den Deinen,
Und mögen sie auch noch so sehr ihr Liebstes nun beweinen.
Nun ruhe sanft im Heldengrab, befreit von allen Schmerzen!
Die Liebe, die Dich hier umgab, lebt fort in unsern Herzen.

Dienstag Fischtag.

Verkaufsstelle Obere Straße 11.

Große [illegible], Schellfisch, Rotzungen, Schollen,
Fischkarbonade zu billigen Preisen.

Fernruf 301.

stellung ist eröffnet!

er & Co. Verden (Aller),
Grosse Strasse 91-93.

Abb. 29

Abb. 30

Die Abb. 31, auch von einem Fotografen aufgenommen, mutmaßlich im Dezember 1915, zeigt ihre beide jüngsten Söhne, Heinrich, knapp 15 Jahre alt, und Johann, 7 Jahre alt, beide adrett im Jackett, der ältere sogar mit Fliege und Stehkragen. Das Deutsche Reich taumelte im August 1914 in wahrer Kriegsbegeisterung in den Kampf. Ein gutes Jahr später, im November 1915, ist die anfängliche Euphorie abgeklungen, aber man gab sich nach wie vor kämpferisch.

Abb. 31

Der Tod ihres ältesten Sohnes wurde von den Urgroßeltern in stiller Trauer beklagt. Sie versuchten, ihm mit dem „Heldentod fürs Vaterland" einen Sinn zu geben und diesen als persönliches Opfer klaglos hinzunehmen. Auch Sophie, die Mutter des Gefallenen, gab sich in ihrer Trauer tapfer und patriotisch für Kaiser, Reich und Vaterland. Welch starker sozialer Druck auf sie gewirkt hat, wird aus den Geschehnissen und Eintragungen deutlich, die sich zu dieser Zeit in dem kleinen Dorf Luttum um das sogenannte Eiserne Buch zugetragen haben.[20]

Das eiserne Buch

Anfang Januar 1916, zwei Monate nach dem Tod von Gerd Wessel jun., wurde im Landratsamt Verden im Zuge einer Spendensammlung für Kriegsbeschädigte ein sogenanntes Eisernes Buch eingeweiht. Dabei handelte es sich nicht im eigentlichen Sinne um ein Buch, sondern um einen Kasten mit zwei Einlegetafeln aus Holz. Gegen eine Spende von 50 Pfennig und mehr konnte man, abhängig von der Höhe des Geldbetrags, einen eisernen, silbernen oder goldenen Nagel einschlagen. Die Spendenaktion wurde als „Nagelung" in den Dörfern des Kreises Verden unter Mitwirkung des Lehrers und der Schulkinder festlich begangen. Über den Ablauf jeder Nagelung berichtete das Verdener Anzeigenblatt. In dem Bericht von der Nagelung in Luttum heißt es:

Luttum, 30. März [1916]. Heute war für uns ein Festtag, da das Eiserne Buch hier Einkehr gehalten hatte. Zur Eröffnung der Feier der Nagelung wurde der Choral „Lobe den Herrn, o meine Seele" gesungen, und dann hielt unser Lehrer Thiele eine Ansprache. „15 tapfere Krieger aus unserer Gemeinde sind leider schon gefallen; wahrlich eine große Zahl. Wir aber wollen eisernen Mut beweisen und Durchhalten [sic]. Der Bauernstand tut alles, was er nur kann, um den Plan Englands zu vereiteln. Laß uns nun lieben mit der Tat und unsere Gaben reichlich und willig geben."

Von den Familien wurde erwartet, den frühen Tod der Söhne und Väter im Felde klaglos hinzunehmen – als notwendiges Opfer für Kaiser und Reich. Das wird aus den Worten deutlich, mit denen die Nagelung begleitet wurde.

Lehrer Thiele: *Die große Zeit fordert ein eisernes Volk, einen eisernen Mut, eine eiserne Ausdauer, eine helfende Liebe.*
Herr Wöhlke für den Schützenverein: *Mit Aug und Hand fürs Vaterland!*
Matthias Heinrich Feldmann, Bessern: *Pflug und Schwert hat Gott beschert.*
Elise Hellwinkel: *Bleib still und stark, bleib stark und still! Der über uns waltet, weiß, was er will.*
Frau Storch: *Mit Gott für Kaiser und Reich!*
Heinrich Mahnke: *Ihr woll'n wir treu ergeben sein*
Getreu bis in den Tod;
Ihr woll'n wir unser Leben weihn:
Der Flagge schwarz-weiß-rot.
Hermann Köster: *Franzosen, Kalmücke und Lügen und Tücken*
Und Russen und Läuse und englische Mäuse –
Sie kriegen uns nicht,
und besiegen uns nicht
mit all ihrer Meute. [21]

Wer es unternommen hätte, Durchhalteparolen und Kriegstreibereien entgegenzutreten und den vieltausendfachen Tod junger Männer in den Schützengräben zu hinterfragen, hätte sich außerhalb der Gemeinschaft gestellt. Sophie wird noch viele Jahre später davon erzählen, wie sehr sie der Tod ihres ersten Kindes geschmerzt hat. Äußerlich gab sie sich tapfer und patriotisch.

Silbernes Jubiläum

Sieben Jahre später hatte sich die Welt grundlegend verändert. Der Erste Weltkrieg war nach weiterem millionenfachen Tod auf allen Seiten im November 1918 zu einem Ende gekommen. Der Kaiser musste abdanken und ins Exil gehen. In Russland hatte es eine Revolution gegeben. In Deutschland gab man sich in der Weimarer Republik eine demokratische Verfassung. Zugleich setzte mit dem Beginn des Jahres 1922 durch die im Krieg aufgenommenen enormen Staatsschulden eine galoppierende Inflation ein.

Aus dieser Zeit ist ein einziges fotografisches Dokument von Gerd und Sophie Wessel erhalten. Es zeigt sie zusammen mit ihren vier Kindern am Tag ihrer Silberhochzeit. Damit kann es auch zweifelsfrei auf den 19. April 1922 datiert werden.

Abb. 31a

Gerd ist drei Monate vorher 50 Jahre alt geworden, Sophie wird im August des Jahres 47 Jahre alt. Die beiden älteren Söhne Hermann und Heinrich sind Anfang zwanzig; sie tragen Uniform und gehören dem stehenden Heer an, das die Siegermächte dem Deutschen Reich zugestanden haben. Links Tochter Dora im weißen Kleid, 19 Jahre alt; rechts Johann, der auf Bessern geborene Nachkömmling, der 14 Jahre zählt. Die Aufnahme ist offensichtlich am Festtag selbst von einem Fotografen aufgenommen. Man hat zwei Korbsessel aus dem Haus geholt, auf dem das Silberpaar Platz genommen hat, um sie herum stehend die erwachsenen Kinder, die die Eltern zu diesem Anlass besuchen. Nur Johann und vielleicht Dora werden noch im Haus der Eltern gelebt haben. Im Hintergrund ist der Föhrenwald von Bessern zu sehen, mit der vormaligen Zuwegung zum Waldwärterhaus von Süden.

Sophie trägt ein festliches schwarzes Kleid, hochgeschlossen und von einer Brosche geziert. Ein Silberkranz krönt ihr Haupt; in ihren Händen hält sie einen Strauß Narzissen. Ihr silbernes Krönchen korrespondiert mit einer silbernen Vignette auf der Brust von Gerd Wessel. Der trägt einen gut passenden schwarzen Anzug, zweireihig, der im Verbund mit Fliege und weißem Stehkragen einen geradezu eleganten Eindruck vermittelt. Man schaut aufmerksam in die Kamera, die Minen zugleich entspannt und gefasst.

Mir vermittelt die Aufnahme den Eindruck, dass sich zu diesem Zeitpunkt die Familie konsolidiert und mit der neuen Realität abgefunden hat. Der Schmerz über den Tod von Gerd, dem ältesten Sohn, ist noch nicht vergessen; dafür ist aber Gerd, der Ehemann und Vater, aus dem

Krieg unverletzt zurückgekehrt. Die beiden älteren Söhne sind Berufssoldaten geworden und damit bereits ausgezogen. Kleidung, Mobiliar und die Insignien des festlichen Anlasses verraten einen gewissen Wohlstand. Jedenfalls hält man auf sich, weiß sich zu diesem Anlass in feine Kleider zu hüllen und feiert das Ehejubiläum im Familienkreis, mit Sinn für Schönheit und Stil. Die Regisseurin der Feier und der Aufnahme scheint mir Sophie zu sein.

Die braune Hochburg

Dass der „Arbeitskreis Dorfchronik" aus der Zeit des Dritten Reichs nur sehr wenige Dokumente zusammentragen kann, ist offenbar kein Zufall. Offenbar wurden gegen Ende des Krieges vor dem Einmarsch der englischen Truppen Unterlagen verbrannt und vernichtet. Aus vorhandenen Materialien, wie Wachbuch und Schulchronik, sind viele Seiten herausgerissen, belastende Spuren getilgt. Wie sehr die Bewohnerinnen und Bewohner dieses kleinen niedersächsischen Dorfes an der Errichtung der braunen Diktatur beteiligt waren und wie sehr sie zu ihrem Machterhalt beigetragen haben, wird aus den Ergebnissen der Wahlen zum Reichstag deutlich, die der Schulchronik und dem *Verdener Anzeigenblatt* zu entnehmen sind.

Bei den Reichtagswahlen 1924, 1928 und 1930 bekam die Deutsch-Hannoversche Partei (DHP) jedes Mal mit Abstand die meisten Stimmen, zuletzt 115 von 161 Stimmen. Die NSDAP wählten ganze drei Stimmberechtigte. Das änderte sich mit den Juli-Wahlen von 1932. Da bekam die NSDAP schlagartig die Mehrheit, 153 von 199 gültigen Stimmen, also mehr als drei Viertel. Knapp ein halbes Jahr später musste schon wieder gewählt werden. Da brachte es die Hitler-Partei auf denselben Anteil von mehr als 75%, viel mehr als im übrigen Kreis Verden, wo „nur" etwa halb so viele für die Nazis stimmen, gut 40%. Im März 1933 musste erneut gewählt werden, sogar gleich zwei Mal. Am 5.3.1933 entfielen von 191 Stimmen 163 auf die NSDAP (85%), eine Woche später machten 198 Luttumer ihr Kreuz bei der braunen Partei – 100 % der abgegeben Stimmen. Dabei weckt diese Zahl das Misstrauen des Beobachters.[22]

Diese Wahlergebnisse machen gleichwohl deutlich, dass Luttum nicht verklärt werden kann zu einem idyllischen Dorf am Rande der Lüneburger Heide. Vielmehr war es ein brauner Hort, der auf seine Weise den Nazis zu Machtergreifung und Machterhalt verholfen und sich an ihren Verbrechen mitschuldig gemacht hat. Die Vernichtung der Dokumente aus der Nazizeit durch die Dorfbewohner belegt, dass man sich dieser schweren Schuld durchaus bewusst war.[23]

Die Wahlergebnisse lassen auch vermuten, dass mein Urgroßvater Gerd Wessel und seine Frau Sophie, geborene Huxol, die zu der Zeit gerade um die sechzig Jahre alt waren, möglicherweise auch die Partei gewählt haben, die politische Gegner mit brutaler Gewalt verfolgte, gegen Juden hetzte und mit dem Angriff auf Polen sechs Jahre später einen Weltkrieg entfesseln sollte. Ernüchtert stelle ich fest, dass nicht nur der Großvater Heinrich Wessel, sondern auch die Urgroßeltern möglicherweise die NSDAP 1933 gewählt und Hitler mit an die Macht gebracht haben. Ich spüre, wie auf die Sympathie, die ich für die Ahnen empfinde, ein Schatten des Zweifels fällt.

Zur ihrer Entlastung kann man drei Aspekte anführen: erstens, den Urgroßeltern fehlte es, wie gezeigt, an jeglicher Bildung. Auch jegliche politische Bildung wurde ihnen vorenthalten. Woher sollte das Urteilsvermögen kommen? Zudem herrschte in so einem kleinen Dorf zu dieser Zeit ein starker Konformitätsdruck. Der Mensch ist ein Herdentier. Wenn die überwiegende Mehrheit in eine bestimmte Richtung marschiert, scheint es zunächst am sichersten, mitzulaufen. Nur so bleibt man zugehörig. In der steinzeitlichen Horde war ein Außenseiter, ein vom Stamm Verstoßener, dazu verurteilt, zugrunde zu gehen. Diese Erfahrung steckt noch in den Genen. Ferner ist es immerhin möglich, dass die Urgroßeltern nicht zur Wahl gegangen sind. Wenn man im Mai 1945 in Luttum insgesamt 438 Einwohner zählte, davon 311 Ortsansässige, 87 Flüchtlinge aus dem Osten und 40 Ausgebombte, dann kann man annehmen, dass es zwölf Jahre davor, bei den letzten freien Wahlen zum Reichstag, vermutlich mehr Wahlberechtigte gegeben haben könnte als die 198, die ihr Kreuz bei der NSDAP gemacht haben. Offenbar hat es Luttumer gegeben, die 1933 nicht die Hitler-Partei gewählt haben. Vielleicht gehörten die Urgroßeltern ja dazu.

Nachkriegszeit

Die Bilanz des Zweiten Weltkriegs stellte sich in dem kleinen niedersächsischen Dorf so verheerend dar wie im ganzen verwüsteten ehemaligen Deutschen Reich: 27 Luttumer sind gefallen, 12 weitere werden als vermisst gemeldet. Vier Wohngebäude und fünf Wirtschaftsgebäude wurden durch Brände völlig zerstört, acht Wohngebäude und sechs Wirtschaftsgebäude schwer beschädigt. In den allerletzten Kriegstagen, bei der Einnahme des Dorfes durch britische Infanteristen, fallen zehn deutsche Soldaten; getötet werden dabei auch zwei Luttumer Frauen, zwei weitere Personen werden schwer verletzt.

Am 1. und 2. März 1945 kommen zwei große Trecks mit Heimatvertriebenen in Luttum an; gleichzeitig finden ausgebombte Menschen aus Bremen, Hamburg, Hannover und Dortmund dort Unterschlupf. Eine Liste des Bürgermeisters über Flüchtlinge und Ausgebombte vom Mai 1945 führt auch Gerd Wessel, Bessern 1, als jemanden auf, dem Ausgebombte und Vertriebene zugewiesen werden – so wie praktisch allen Luttumer Haushalten. Bei ihm und seiner Frau kommen vier Personen der Familie Frieda Eibich unter.[24]

Die Luttumer Dorfchronik berichtet von weiterem Ungemach in der Nachkriegszeit. Vormalige russische und polnische Kriegsgefangene zogen marodierend durch die Lande. Sie saßen oft ungebeten am Mittagstisch. Besonders auf Fahrräder hatten sie es abgesehen. Mancher Radfahrer wurde von seinem Rad geholt. Auch gab es unter Androhung von Gewalt zahlreiche Plünderungen. Von den Briten eingesetzte deutsche Hilfspolizisten, unbewaffnet, hatten gegen die mit brutaler Gewalt vorgehenden ehemaligen Kriegsgefangenen keine Chance. Es soll hier nicht der Eindruck erweckt wären, als sei die deutsche Bevölkerung in der unmittelbaren Nachkriegsperiode ein Opfer von fremder Gewalt und schreiender Ungerechtigkeit gewesen. Sie erfährt in diesen Vorkommnissen jetzt, da sich durch den alliierten Sieg die Kräfteverhältnisse grundlegend verändert haben, nur die Kehrseite dessen, was Deutsche den Angehörigen anderer Länder über Jahre hinweg angetan haben, und erlebt nun leidvoll die verheerenden Folgen der selbst ausgebrachten Saat von Krieg und Gewalt.[25]

Dass mit der Nachkriegszeit noch ganz andere, weitgehende Veränderungen für Gerd und Sophie Wessel in Bessern verbunden sind, erfahre ich im Zuge meiner Recherchen vor Ort von Wilhelm Mühlmann. Die Tochter der Eigentümerin von Bessern, Gisela von Schneider-Egestorf, heiratet 1946 Hans-Georg Mühlmann, einen vormaligen Berufsoffizier und Flüchtling aus den deutschen Ostgebieten. Die massiven Bombardierungen der Alliierten haben Wohnraum in Deutschland zu einem äußerst knappen Gut gemacht. Das junge Paar hat keine Bleibe und zieht, zusammen mit einer Tante, mit in das Waldwärterhaus auf Bessern ein. Bis dahin war Gerd Wessel „ein kleiner König", wie Wilhelm Mühlmann sagt., „ein Herr aller Reusen". Seine „ziemlich komfortablen" Arbeitgeber leben fernab in Hannover und lassen sich meist nur einmal im Jahr vor Ort sehen. In der Vertrauensstellung als Waldwärter ist Gerd Wessel sehr autonom. „Er konnte praktisch tun und lassen, was er wollte." Für seine Dienste bekommt er zur eigenen Bewirtschaftung eine Wiese und einen kleinen Acker. Er kann eine Kuh und ein, zwei Schweine halten und erhält darüber hinaus vermutlich regelmäßig einen Geldbetrag ausgezahlt.

Der Einzug der Familie Mühlmann mit der Tante geht mit weitgehenden Einschränkungen für Gerd und Sophie Wessel einher. Ihnen bleiben in der Waldwärterkate, die sie bis Frühjahr '45 allein bewohnt haben, nur noch zwei Zimmer. Welche Zumutungen und Einschränkungen damit in dem kleinen Waldwärterhaus verbunden waren, kann man aus heutiger Sicht nur ahnen. 1949 entspannte sich die Situation ein wenig. Nebenan wird ein neues schmuckes Fachwerkhaus errichtet, in das Gisela Mühlmann und ihr Mann einziehen. Die Großtante aber bleibt im Waldwärterhaus wohnen.

Die ihm aufgezwungenen Einschränkungen werden Gerd Wessel gegen den Strich gegangen sein. Er wird mit der ihm eigenen Brummigkeit darauf reagiert haben. Dass aber das Zusammenleben mit der Familie Mühlmann auf Bessern keineswegs zu Spannungen führte, sondern sich im Gegenteil harmonisch und geradezu familiär entwickelte, ist den beiden Frauen Gisela Mühlmann und Sophie Wessel zu verdanken, die ein persönliches, warmes Verhältnis verband. Der jungen Mutter vertraute Sophie Wessel an, wie tief sie der Verlust ihres ältesten Sohnes Gerd bis auf den Tag schmerzte. Sie zeigte ihr den Lebensbaum, den sie nach seinem Tod neben dem Waldwärterhaus gepflanzt hat.

Abb. 32 zeigt die Hochzeitsgesellschaft einer Hausangestellten der Mühlmanns im Jahr 1950, an der Sophie und Gerd Wessel wie Familienmitglieder teilnehmen. Wie leibliche Großeltern kümmern sie sich um die beiden kleinen Kinder der Mühlmanns, Sophie und Wilhelm. Es gibt im Familienalbum der Mühlmanns mehrere Aufnahmen, die das erkennen lassen. Gerd Wessel lässt die Kinder im Bollerwagen vom Hund über den Hof ziehen; Sophie Wessel spielt mit den Kindern und hält sie liebevoll auf dem Schoß. Oft sind die Kinder „drüben" bei ihnen im Waldwärterhaus. (Abb. 33, 34).

Eines Abends ist die kleine Sophie Mühlmann wieder bei Opa Wessel nebenan. Es ist schon spät, und der alte

Abb. 32

Abb. 33

Abb. 34

Mann will zu Bett gehen. Was Gerd Wessel dann ganz trocken zu dem kleinen Mädchen sagt, wird zu einem Bonmot in der Familie Mühlmann: kann's hier sitten blieven; licht maak ik uut. „Und so geschah es dann auch", schmunzelt Wilhelm Mühlmann, als er mir die Geschichte erzählt.

Die acht Jahre jüngere Schwester von Wilhelm Mühlmann, Johanna, weiß beim Anblick der Aufnahmen aus den frühen fünfziger Jahren die folgende Episode zu berichten, die die enge, familienähnliche Beziehung zwischen den damaligen Bewohnern von Bessern anzeigt. Eines Tages war die kleine Sophie spurlos verschwunden. Man suchte sie vergeblich auf dem weiträumigen Gelände. Nirgends war sie zu finden. Nach Stunden schließlich brachten Leute aus dem Dorf sie zurück. Dort hatte man sie im Krämerladen, fast zwei Kilometer von Bessern entfernt, aufgegriffen, wo die kleine Sophie mit ihrem Puppenwagen aufgetaucht war. Gefragt, was sie denn im Dorf gewollt habe, gibt das Kind an: „Ein Kleid für Oma Wessel kaufen".

Zu seinen Aufgaben als Waldhüter gehörte es für Gerd Wessel, darauf zu achten, dass aus den Forsten von Bessern kein Holz gestohlen wurde. Er galt als streng und war deshalb im Dorf nicht unbedingt beliebt. Dass er nicht nur streng war, sondern auch mild sein konnte und überdies Humor hatte, wird in einer Episode deutlich, die in den Nachkriegserinnerungen von Margret Willbrandt literarischen Niederschlag gefunden hat. Herr und Frau Mühlmann weisen mich bei meinem zweiten Besuch in Luttum auf einen interessanten Abschnitt in diesem Buch hin.

Der Winter kam, und da es nichts zum Heizen gab, ging die Mutter in die Wälder und fällte heimlich Bäume. Die Dorfbevölkerung hatte die Wälder längst leergeräumt, und es war verboten, Bäume zu fällen. Die Mutter aber setzte sich über das Verbot hinweg. Zusammen mit ihrem zwölfjährigen Sohn, der inzwischen aus der Kinderlandverschickung zur Familie zurückgekehrt war, machte sie in den Wäldern „Bäume um", und zwar so viele, dass der Junge immer wieder sagte, „Du kannst den Hals nicht vollkriegen!"

Eines Tages wurde sie vom Waldaufseher erwischt, der ihr das Holz wegnehmen wollte. „Wenn Sie mir das wegnehmen", sagte die kleine Frau, als sie mit erhobenem Beil vor ihm stand, „spalte ich Ihnen den Schädel."

Die Geschichte sprach sich im Dorf herum. Der Waldaufseher, der Sinn für Humor hatte, hatte sie selbst erzählt.[26]

Der Waldaufseher ist Gerd Wessel, mein Urgroßvater. Dass er einmal literarische Spuren hinterlassen würde: das wäre ihm wohl nicht in den Sinn gekommen.

Lebensspuren: die Quellenlage

Die Geburt des Urgroßvaters liegt inzwischen mehr als 150 Jahre zurück; angesichts dieses Zeitraums überrascht die Quellenlage. In den Kartons meines improvisierten, etwas chaotischen Familienarchivs stoße ich auf einzelne Lebensspuren von Gerd Wessel und seiner Frau Sophie: Geburtsbescheinigungen, Todesscheine und Festtagsgedichte. Es gibt einige Fotografien aus unterschiedlichen Lebensphasen und sogar zwei Briefe.

Abb. 35

Es gilt es zu bedenken, dass Gerd und Sophie Wessel in der Forst- und Landwirtschaft tätig waren. Ihr langer Alltag bestand aus anstrengender körperlicher Arbeit. Für Schreiben und Schriftlichkeit war wenig Zeit, Raum und Routine. Den Luxus eines eigenen Fotoapparats leistete man sich nicht. Ein biografischer Bruch, wie der abrupte Wohnortwechsel von Gerd Wessel vom Waldwärterhaus in ein möbliertes Zimmer an der Jöllenbecker Straße in Bielefeld, geht zudem mit Aufräum- und Wegwerfaktionen einher, insbesondere wenn Dritte die Entscheidungen treffen. Wenn die Quellenlage sich dennoch als hinreichend darstellt, um so ein Spurenprojekt überhaupt angehen zu können, so ist das vor allem den Frauen in der Familie zu danken. Sophie Wessel sorgte dafür, dass zu herausgehobenen Anlässen ein Fotograf bestellt wird. Sie ist es auch, die in der Familie die Briefe schreibt, von denen einzelne erhalten sind. Die sorgsame Aufbewahrung der Dokumente und schließlich ihre Weitergabe an mich verdanke ich meiner Mutter Anita und ihrer Schwester Ursula.

Bei Opa und Oma auf dem Lande

Meine Mutter Anita ist eine geborene Wessel, eine Enkelin von Gerd und Sophie. Im Kriegsjahr 1942 war sie 14 Jahre alt und verbrachte ihre Sommerferien in den Föhren von Luttum, bei Oma und Opa. Nach einem ersten großen Luftangriff auf Bielefeld im Juni 1941 und weiteren Bombadierungen schien es auf dem Land sicherer. Aus dieser Zeit gibt es drei Luttumer Fotografien. Die voranstehende Abbildung 35, offenbar von einem Fotografen aufgenommen, zeigt die vierzehnjährige vollbackige Anita mit ihrer Oma, die in einem dekorativen Lehnstuhl sitzt. Anita hockt auf der Lehne und legt ihre linke Hand auf die Schulter ihrer Großmutter. Ein schönes Bild trauter Nähe von Oma und Enkelin. Auf der Rückseite hat Anita mit Bleistift ein Datum notiert: gemacht 1942.

Diese Angabe hilft auch, die anderen beiden Bilder zu datieren, denn Anita trägt darauf immer dasselbe Kleid. Abbildung 36 zeigt Anita, die ihre Großeltern in die Mitte genommen haben: Oma Sophie links mit geblümter Kittelschürze, Opa Gerd rechts, mit obligatorischer Schirmmütze und in einer dunklen Joppe, fünffach zweireihig geknöpft. Auf den Foto daneben posieren die drei noch einmal in erster Reihe; hinter ihnen drei Männer in Soldatenuniform.

Abb. 36

Abb. 37

Ich kann weder die Gesichter identifizieren noch Rangzeichen erkennen. Ob es Söhne, Nachbarn oder andere Bekannte sind, die hier zu Besuch gekommen sind; ob die Aufnahmen sich diesem Anlass verdanken und wer sie gemacht hat: das bleibt im Dunkeln.

Am Pfingsttag, mit Minna, der Kuh

Die Aufnahme 38 hat es mir besonders angetan. Sie gibt die Vorderseite einer Postkarte wieder, adressiert an die Familie des Sohnes Heinrich Wessel in Bielefeld. Auf der Rückseite steht zu lesen:

Luttum, d. 31. Mai 1944

Kinder, jetzt kommt Opa mit Minna Kuh
nach Euch im Kriegsjahr 1944.
Opa ist 72 Jahr, und die Kuh ist 17 Jahr.
Das ist gemacht am Pfingsttag, den 29. Mai 1944.

Abb. 38

Die Schwarzweiß-Aufnahme zeigt Gerd Wessel, der munteren Schrittes mit der linken Hand die Pflugschar führt, in der rechten eine Leine hält zum Zaumzeug der Kuh, die den Pflug zieht. Im Hintergrund sieht man den Föhrenwald von Luttum. Die Kamera schaut auf das Geschehen von dem noch unbearbeitetem Acker aus. Ein Zweiundsiebzigjähriger pflügt den sandigen Geestboden – nicht mit einem Traktor, nicht mit einem Pferd, sondern mit der Kuh!

Die Kuh gehört beinahe zur Familie; ihr Stall war mit unter dem Dach des Waldwärterhauses. Mensch und Tier sind bis ins hohe Alter aktiv bei der Arbeit, selbst an einem Feiertag. Die Urgroßmutter scheint auf beide gleichermaßen stolz zu sein, wie ihr liebevoller Text zeigt. Wer diese Aufnahme gemacht hat und aus welchem Anlass sie entstanden ist: darüber kann ich nur spekulieren.[27] Es bleibt in jedem Fall sehr bemerkenswert, dass Sophie schon zwei Tage später einen Abzug des Fotos im Postkartenformat in Händen hält, den sie mit Freude Kindern und Enkelinnen schickt.

Zwischen Leiterwagen und Butterfass

Das Zustandekommen der folgenden Abbildungen ist anders zu bewerten. Sie sind, wie den Rückseiten zu entnehmen ist, ein gutes Jahr später, im August 1945, aufgenommen. Die Existenz dieser von einem Fotografen gemachten Bilder wirft zwar auch die Frage auf, wie die beiden alten Leute dazu kommen, ausgerechnet zu dieser Zeit, drei Monate nach Kriegsende, da ringsum Zerstörung, Not und Chaos herrschen, jemanden zu bestellen, der sie aufnimmt. Eine plausible Antwort könnte aber ein Blick auf die Geburtsdaten enthüllen. Sophie Wessel, geborene Huxol, wird am 7. August 1945 siebzig Jahre alt. Ich vermute, dass sie sich zu diesem runden Geburtstag gewünscht hat, dass ein Fotograf bestellt wird, wohl aus dem nahen Verden. Schon das Foto mit ihrer Enkelin Anita aus dem Jahr 1942 lässt ja eine gewisse Freude daran erkennen, abgelichtet zu werden, vielleicht um der eigenen Vergänglichkeit etwas entgegenzusetzen.

Abb. 39

Abb. 40

Der Fotograf lässt sich von der idyllischen Lage der Kate mitten im Föhrenwald ansprechen. Das Foto 39 zeigt den schmalen Waldweg von Süden durch den Föhrenwald, an dessen Ende das Tor der Deele mehr zu ahnen als zu sehen ist.

Im Näherkommen werden Sophie und Gerd Wessel von ferne am Hofeingang sichtbar. Sie warten, einen Arm in die Hüften gestemmt, den anderen auf einen einfachen Holzzaun gelehnt, auf den Besucher mit der Kamera (Abb. 40), sind aber aus dieser Entfernung mehr zu erahnen als zu erkennen.

Die Kamera kommt näher und zeigt die beiden alten Leute vor ihrer Waldwärterkate (Abb. 41). Das große Deelentor steht offen, im Hintergrund sind ein geflochtener Korb mit Obst und mehrere Zinkeimer zu sehen, davor in einiger Entfernung voneinander steht links Sophie im dunklen Schürzenkleid, rechts ihr Mann Gerd. Er hält den Hofhund mit einer Kette in der linken Hand, auf dem

Abb. 41

Kopf die obligatorische Schirmmütze. Wahrscheinlich folgen die beiden auf der Abbildung 42 den Anweisungen des Fotografen, der sie ermuntert, für die Aufnahme vor der Scheune alltagstypischen Arbeiten nachzugehen.

Gerd hält vor einem hölzernen Leiterwagen die Griffe der Schubkarre in den Händen, Sophie steht neben einem hölzernen Bottich vor einem Verschlag mit Runkeln, Eimer und Forke in der Hand. Beide halten inne und schauen in die Kamera, Sophie sogar leise lächelnd.

Das letzte Bild dieser Serie (Abb. 43) zeigt die beiden neben der Deelentür aus der Nähe fotografiert: die Urgroßmutter mit einem Holzfass, das man zum Buttern nimmt, dessen Deckelstiel sie umfasst; der Urgroßvater in Holzschuhen, den linken Arm in die Hüften gestemmt, zur Rechten wiederum den Hund an stramm gespannter Kette. Sophie lächelt in die Kamera, Gerd murmelt etwas unter seinem mächtigen Schnurrbart, zeigt sich dabei aber offensichtlich kooperativ, weder ungeduldig noch

Abb. 42

unfreundlich. Auf allen fünf Aufnahmen dieser Serie fällt auf, dass die beiden Alltagskleidung tragen, Arbeitskluft eben: sie ein graues Kittelkleid, über dem Bauch zusammengeschnürt; er ein dunkles hochgeknöpftes Hemd.

Dass sie sehr wohl über Ausgehkleidung verfügen, zeigen die beiden Einzelaufnahmen in Passbildgröße: Sophie in einem feinen schwarzen Kleid; ihr Mann in einem weißen Stehkragenhemd und Weste, darüber ein Nadelstreifenjackett mit breiten Revers. Der Kopf ist kahl; dafür ziert ein weit über die Backen hinausreichender Schnauzbart sein Antlitz. (Abb. 44,45).

Eine Aufnahme von ihrer Goldenen Hochzeit (Abb. 46) lässt dieselbe festliche Kleidung erkennen. Dieser Abzug trägt auf der Rückseite auch ein Datum: 17. April 1947. Opa ist 75 Jahr; Oma ist 72 Jahr steht da zu lesen. Seit ihrer Eheschließung ist ein halbes Jahrhundert vergangen. Sie begehen das Jubiläum festlich.

Abb. 43

„… das sollte doch eine Freude sein!"

Aus der unmittelbaren Nachkriegszeit ist ein Brief erhalten, den Sophie am 28.10.1945 an ihre Enkelin Anita und ihre Schwiegertochter Anna nach Bielefeld schickt (Abb. 47). Der Wortlaut des zweiseitigen Brief wird erst im Kontext der besonderen historischen Lage verständlich. Deutschland ist zerstört und wird von Besatzungsmächten regiert; hunderttausende Männer sind noch in Kriegsgefangenschaft, so auch Sophies Sohn Heinrich, der sich in einem britischen Kriegsgefangenenlager in Munster in der Lüneburger Heide befindet. Was aus den Gefangenen wird, ist ungewiss. Vor diesem Hintergrund stellt Sophie sich vor, was für eine Freude es wäre, wenn „unser lieber Junge" – ihr Sohn Heinrich – zurückkehren könnte zu seiner Familie in Bielefeld – zu seiner Frau Anna und seinen Töchtern Anita und Ursula – und dann auch seinen Vater und seine Mutter (also sie) in Luttum besuchen würde.

Abb. 44

Abb. 45

Sie spricht ihre Enkelin Anita an und stellt sich die von ihr herbei gesehnte Szene bildlich vor: „Es sollte doch eine Freude sein", wie „der liebe Papa", die kleine Ursula („Fräulein Dirn") und „du, liebe Anita" zur Tür hereinkommen. Wie sehr würde sie sich darüber freuen. Sie fragt Anita, ob sie denn gar nicht mal wieder kommen wolle. Es sei doch genug Platz zum Schlafen da. Anitas Cousine Resi aus Köln sei auch wieder nach Luttum gekommen. Im Jägerhaus sei viel Platz; heizen könne man es auch.

Dann wendet sie sich an ihre Schwiegertochter Anna: sie fragt nach der Adresse ihres kriegsgefangenen Sohnes Heinrich. Sie weiß offenbar, dass er lebt und sich im Kriegsgefangenenlager Munster befindet, das nur etwa fünfzig Kilometer von Verden entfernt liegt. Der Nachbar Fritz Störch habe seine Papiere schon in Ordnung und wolle „unseren Heinrich" besuchen. Er müsste nur wissen, „wo das wohl ungefähr ist". Der „Heini" würde sich bestimmt freuen. Nur solle Anna doch unbedingt sofort

Abb. 46

schreiben. Sie schließt den Brief mit dem Wunsch auf ein frohes Wiedersehen.

Eine Erwähnung wert finde ich das ausgewogene, ebenmäßige Schriftbild sowie die feine Schönschrift von Sophie in diesem Brief, der offensichtlich mit Feder und Tinte verfasst ist – ein weiterer Aufweis für ihren ausgeprägten Sinn für das Schöne.

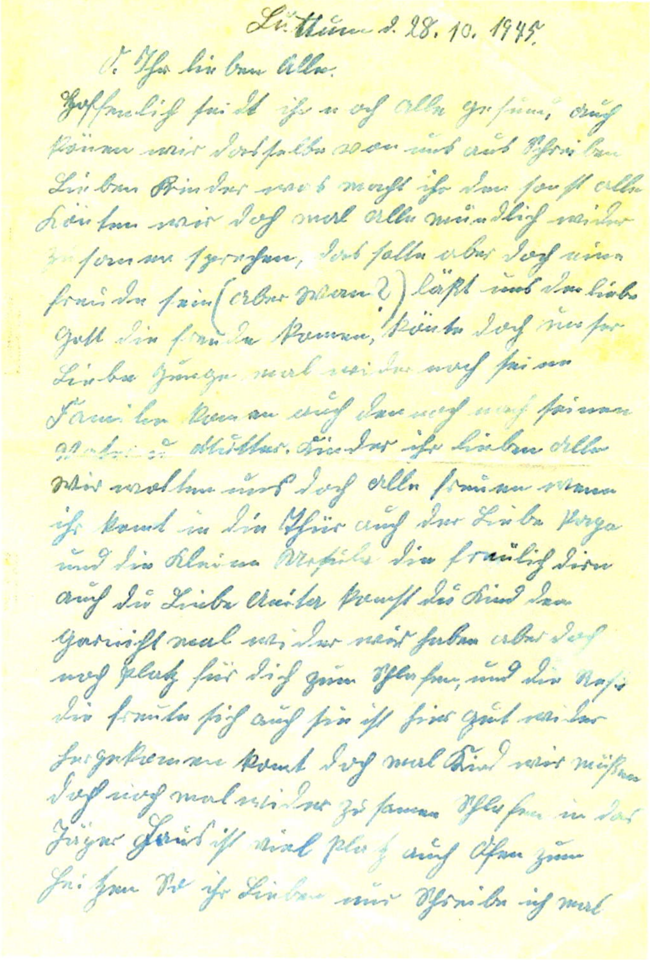

Lüttum d. 28. 10. 1945.

O. Ihr lieben Alle.

Hoffentlich seid ihr noch alle gesund, auch können wir dasselbe von uns aus schreiben Lieben Kinder was macht ihr denn sonst alle könnten wir doch mal alle mündlich wieder zusammen sprechen, das sollte aber doch eine Freude sein (aber wann?) läßt uns der liebe Gott die Freude kommen, könnte doch unser Liebe Junge mal wieder nach seiner Familie kommen auch der noch nach seinem Vater u. Mutter. Kinder ihr lieben alle wir wollen uns doch alle freuen wenn ihr kommt in die Thür auch der liebe Jorge und die kleinen Mädels die fröhlich dann auch du liebe Mutter kennst du sind dan Gewicht mal wieder wir haben aber doch noch Platz für dich zum schlafen, und die Kas die könnte sich auch sie ist hier gut wieder hergekommen kommt doch mal und wir müssen doch noch mal wieder zusammen schlafen in der Jäger Haus ist viel platz auch Ofen zum heizen da ihr Lieben nun schreibe ich mal

Abb. 47

„Ein Häuslein liegt im Föhrenwald"

Weitere Lebensspuren von Sophie und Gerd Wessel finden sich aus dem Jahr 1952: ein handgeschriebenes Festgedicht zu Gerd Wessels achtzigstem Geburtstag sowie ein Brief Sophies an die Enkelin Anita.

Gerd Wessels achtzigster Geburtstag wird am 25. Januar 1952 im Waldwärterhaus auf Bessern gefeiert. Das bezeugt ein von diesem Tag erhaltenes Festgedicht, acht sorgfältig in Tinte geschriebene Strophen zu je vier Zeilen, die sich reimen, überschrieben: „Zum 25ten Januar 1952" (Abb. 48). Eher konventionell im Inhalt, in den Bildern nicht ohne Klischees und etwas holprig im Stil stehen die Verse doch für eine freundlich zugetane Geste und bieten aufschlussreiche Informationen.

Ein Häuslein liegt im Föhrenwald,
Schnee liegt draußen, und es ist kalt.
Doch die Sonne strahlt in gold'nem Schein,
Denn drinnen soll heute ein Festtag sein.
Viel liebe Gäste werden kommen,
Denn alle haben die Kunde vernommen,
Daß heute im Häuslein im Winterwald
Ein Fest wird gefeiert von Jung und Alt.
Im Hause ist doch ein „Jubilar",
Gerd Wessel wird heute 80 Jahr. […]

In den Schlussversen wünschen alle dem treuen Ahn
einen glücklichen Verlauf seiner Lebensbahn.
Von froher Tafelrund schallt es laut von Mund zu Mund,
Gott schütze den greisen Jubilar
und schenke ihm noch viele, viele Jahr.

Interessant ist die Widmung unter dem Gedicht:

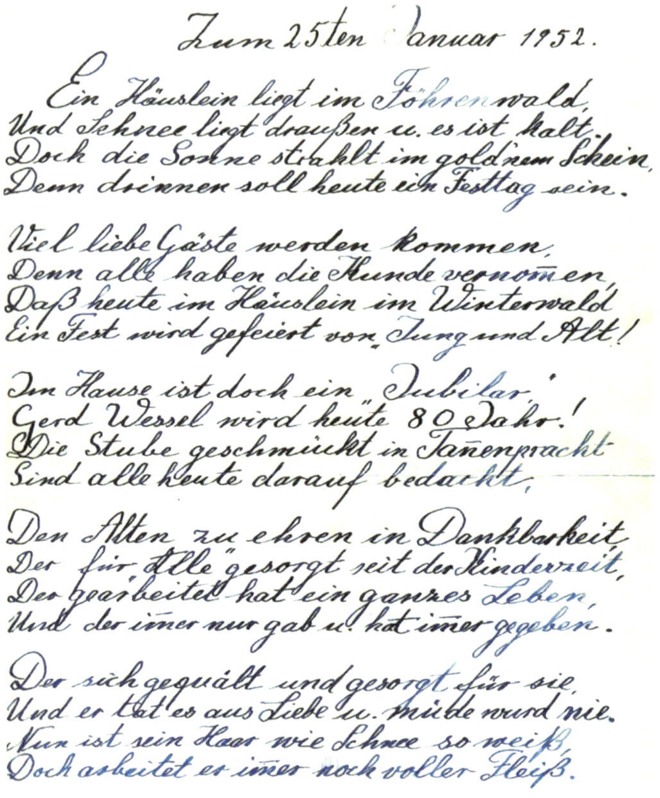

Zum 25ten Januar 1952.

Ein Häuslein liegt im Föhrenwald,
Und Schnee liegt draußen u. es ist kalt.
Doch die Sonne strahlt im gold'nem Schein,
Denn drinnen soll heute ein Festtag sein.

Viel liebe Gäste werden kommen,
Denn alle haben die Kunde vernommen,
Daß heute im Häuslein im Winterwald
Ein Fest wird gefeiert von Jung und Alt!

Im Hause ist doch ein „Jubilar"
Gerd Wessel wird heute 80 Jahr!
Die Stube geschmückt in Tannenpracht
Sind alle heute darauf bedacht,

Den Alten zu ehren in Dankbarkeit
Der für „Alle" gesorgt seit der Kinderzeit,
Der gearbeitet hat ein ganzes Leben,
Und der immer nur gab u. hat immer gegeben.

Der sich gequält und gesorgt für sie,
Und er tat es aus Liebe u. müde wurd nie.
Nun ist sein Haar wie Schnee so weiß,
Doch arbeitet er immer noch voller Fleiß.

Abb. 48

Seinem lieben Nachbarn
und Kameraden Gerd Wessel
zur Erinnerung E. v. Cancrin

Eine ganze Zeitlang bin ich ergebnislos der Frage nachgegangen: wer war der Nachbar und Kamerad E. v. Cancrin? Weder in der Dorfchronik von Luttum noch im Internet finden sich dazu brauchbare Hinweise. In der

Aufstellung aller Häuser des Dorfes Luttum und ihrer vormaligen Besitzer taucht der Name nicht auf. Schließlich löst Wilhelm Mühlmann das Rätsel. Er selbst hat zwar keine lebendige Erinnerung daran, erinnert sich aber, von seinem Vater gehört zu haben, dass unter den Flüchtlingen, die auf Bessern einquartiert waren, ein gewisser von Cancrin war. Abseits des Waldwärterhauses gab es eine Jagdhütte, in die von Cancrin mit Familie einquartiert war. Gerd Wessel scheint sich mit dem dort Untergebrachten gut verstanden zu haben, bezeichnet der ihn doch als „lieben Nachbarn". In Mühlmanns Familie hingegen war von Cancrin „nicht sonderlich gelitten". Es gab wohl Streit wegen einer Mietsache. Die Jagdhütte wurde schließlich abgerissen. Festzuhalten gilt es hier, dass Gerd Wessel nicht nur streng und abweisend war, sondern offenbar auch Charme hatte und von Nachbarn sehr geschätzt wurde.

„... sucht sich was und findet auch was"

Es existiert ein letzter Brief von Sophie Wessel an ihre Enkelin Anita, datiert vom 21.5.1952 (Abb. 49). Anita, meine Mutter, ist inzwischen verheiratet. Der Vater ihres Mannes Werner – Wilhelm Ahlemeyer – ist zwei Tage zuvor nach kurzer schwerer Krankheit verstorben. Sophie Wessel hat einen Trauerbrief erhalten und kondoliert: „Herzlichen [sic] Beileid in dieser Stunde." Wohl tröstlich gemeint fügt sie einen religiösen Spruch hinzu: „Was Gott tut, das ist wohl getan."[27a]

In ihrem Brief vom Oktober 1945 hatte sie – damals ist sie 70, Gerd 73 Jahre alt – noch geschrieben: „Hoffentlich seid Ihr noch alle gesund; dasselbe können wir von uns schreiben." Das hat sich sechseinhalb Jahre später grundlegend verändert: gesundheitlich geht es ihr so schlecht, dass sie schreibt: „Mit mir ist auch nichts mehr im Leben." Der Arzt war da und habe sie erneut untersucht. Das habe ihr nicht gefallen. Von den Tabletten, die sie nehmen muss, wird ihr regelmäßig schlecht, schreibt sie. Sie sitze den ganzen Tag nur auf dem Stuhl und mache allenfalls ihrem Mann ein bisschen Essen fertig.

Dem „Vater" – sie meint ihren Mann Gerd – sind gerade die Bohnen verfroren, berichtet sie. Darüber sei der ganz betrübt, hätten die ihn doch viel Mühe gekostet. Aber das mit den Bohnen werde wohl noch wieder werden, zeigt sie sich zuversichtlich. Anders jedoch erlebt sie ihre Erkrankung: „Ich habe so einen schlimmen Fuß." Zwei der kleinen Zehen seien „kapot". Da seien Löcher drin, und auch Kühlen mit essigsaurer Tonerde helfe nicht mehr. „Das wird und wird nicht anders." Der Arzt wisse auch nicht, „was da noch von werden will" und habe gemeint: „Hoffentlich würde das noch wieder besser." Sie aber scheint zu spüren, dass ihr Lebensfaden dünn wird. „Liebe Kinder", schreibt sie, ihr eigenes Schicksal in einen größeren Zusammenhang stellend, „der Tod sucht sich was und findet auch was."

Dass sie nicht schön schreibt, räumt sie ein. Bemerkenswert ist, dass sie die Ästhetik ihres Briefes an dieser Stelle reflektiert, die offenbar eigenen Ansprüchen nicht genügt. Sie hat sich zum Schreiben aus dem Bett gequält, in das sie danach zurückgeht. Auf ein Wiedersehen hofft sie gar nicht mehr. Sie schließt diesen Brief mit dem Wunsch auf „ein Frohes Wiederschreiben" [sic]. Sophie Wessel stirbt vier Monate später, am 17. September 1952. Sie

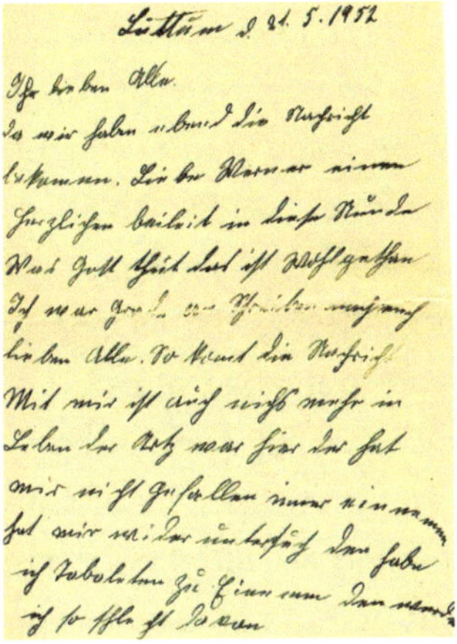

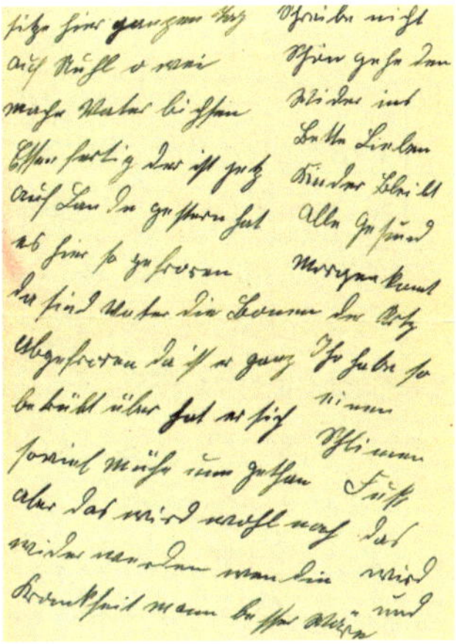

Abb. 49

wird auf dem Dorffriedhof von Luttum begraben. Gerd Wessel bleibt verwitwet zurück im Waldwärterhaus auf Bessern. Sechs weitere Jahre baut er dort Bohnen an, hält Hühner und sorgt für sich selbst, bis diese selbstbestimmte Lebensform nicht länger aufrecht zu erhalten ist.

Letzte Jahre

Es war wohl ein Besuch seines Sohnes Heinrich aus Bielefeld bei ihm im Föhrenwald, der schließlich zu der Entscheidung führt: so kann es nicht weitergehen. Mit dem Postbus war Sohn Heinrich in seine alte Heimat gefahren, um seinen alten Vater zu besuchen. Er findet ihn ziemlich verwahrlost vor. Zurück in Bielefeld berät er sich mit seiner Frau Anna und mit seiner Schwester Dora, die in Köln wohnt. Bald steht fest: den Vater kann man nicht länger allein in der Waldeinsamkeit lassen. Es gab in den 50er Jahren noch keine mobile Altenpflege. Den Vater in ein Altersheim zu bringen: das kam nicht in Frage. So entschlossen sich meine Großeltern, den Vater von Luttum nach Bielefeld zu holen und ihn im eigenen Haus unterzubringen.

Inwieweit Gerd Wessel selbst an dieser Entscheidung beteiligt war, ob er sie gewollt, wenigstens mitgetragen hat und ob er überhaupt eine Alternative gehabt hätte: das scheint fraglich. Es wird eher geheißen haben: Das geht so nicht länger. Du kommst jetzt mit – und fertig!

In der Frage, wann dieser Wohnortwechsel stattfand, erweist sich meine vage Vermutung als zutreffend, dass es Ende der 50er Jahre war. Auf Anfrage erhalte ich vom Stadtarchiv Bielefeld die Kopie einer Meldekarte Gerd Wessel. Aus ihr geht hervor, dass er am Geburtstag seiner verstorbenen Frau, am 7. August, im Jahr 1958 von Luttum nach Bielefeld an die Jöllenbecker Straße 224 gezogen ist, sechs Jahre nach ihrem Tod. Die Anmeldung beim Einwohnermeldeamt wird knapp drei Wochen später vorgenommen. [28]

Aus eigener Anschauung erinnere ich, dass meine Großmutter Anna Wessel gut für ihren Schwiegervater gesorgt hat. Er hatte ein warmes Zimmer und bekam regelmäßig sein Essen; seine Wäsche wurde gewaschen, auf seine Körperhygiene geachtet. Rasieren ließ er sich von Hartmut, dem Mann seiner Enkelin Ursula. Den mochte er zwar nicht besonders, weil der von Landwirtschaft nichts wusste, aber auf die elektrische Rasur verstand der sich viel besser als der eigene Sohn. Bei schönem Wetter konnte der alte Mann, auf seinen Stock gestützt, in den Apfelgarten oder zum Hühnerauslauf gehen. (Abb. 50)

Gelegentlich kam seine Tochter Dora aus Köln zu Besuch (Abb. 51), oder es gab eine Geburtstagsfeier im Fa-

Abb. 50

milienkreis, bei der er mit zugegen war (Abb. 52). Dieses denkwürdige Foto hat Wilfried Ahlemeyer 1958 am Geburtstag seines Bruders Werner – meines Vaters – aufgenommen. Meine Mutter Anita, Gerd Wessels Enkelin, ist mit ihrem vierten Kind Uli schwanger. Soweit ich das überblicke, ist dieses das einzige Foto, auf dem Gerd Wessel und der Verfasser dieser Zeilen, damals noch keine acht Jahre alt, zusammen abgebildet sind. Ich spiele auf dem Boden sitzend mit meinem Cousin Ralf und mit meinem jüngeren Bruder Thomas. Meine Familie war angesichts der bevorstehenden Geburt des vierten Kindes einige Wochen zuvor erst in ihr neu gebautes Reihenhaus auf Kipps Hof eingezogen.

Abb. 51

Abb. 52

Diesen Wechsel des fast 87-Jährigen von Luttum, von der Waldeinsamkeit der Föhren, in der er den Großteil seines Lebens zugebracht hat, nach Bielefeld an die vergleichsweise belebte Ausfallstraße in den Bielefelder Norden, stelle ich mir als enormen Bruch vor. Die gewohnte Landschaft von Wald, Geest und Fluss, in der er länger als ein halbes Jahrhundert gelebt hat, war ihm mit einem Schlag abhandengekommen, ebenso vormalige Nachbarn und der gewohnte Singsang des Plattdeutschen. Gerd Wessel kennt in Bielefeld niemanden außer der Familie. Es gibt weder einen Fernseher noch ein Radio auf seinem Zimmer (Abb. 53) Lesen wird seine Sache nicht gewesen sein.

Dass er starkes Heimweh gehabt hat, ist anzunehmen. Wenn er, wie seine Enkelin Ursula Meyer berichtet, mit seinem Gehstock den Tulpenbeeten im Hof zugesetzt, indem er den Blumen den Blütenkopf abgeschlagen hat, dann wohnen diesem Akt des Vandalismus Wut und Widerstand inne, ein hilfloses Aufbäumen gegen sein Altersschicksal.

Er fügt sich schließlich in das Unabänderliche und lebt unter den völlig veränderten Lebensbedingungen weitere sechs Jahre. Er stirbt in der Mitte seines 93. Lebensjahres (Abb. 54). Für den 8. Juli 1964 vermerkt die Meldekarte im Stadtarchiv Bielefeld sein Ableben. Begraben wird er in der Erde seiner Luttumer Heimat neben seiner Frau Sophie.

Abb. 53

Still und unerwartet ist unser lieber Vater und Schwiegervater, Großvater, Urgroßvater und Bruder

Gerd Wessel

im gesegneten Alter von 93 Jahren von uns gegangen.

In stiller Trauer,
im Namen aller Angehörigen

Familie Heinrich Wessel

Bielefeld, Bremen, Köln, Verden/Aller, den 8. Juli 1964
Jöllenbecker Str. 224

Die Trauerfeier findet am Montag, dem 13. 7. 64 um 14 Uhr am Grabe des Friedhofes in Luttum statt.

Abb. 54

Dass ich beinahe sechzig Jahre nach seinem Ableben auf dem Luttumer Friedhof weder ein Grab noch einen Grabstein von Gerd und Sophie Wessel finde, habe ich erwartet. Ich kann zwar im Archiv der Gemeinde Kirchlinteln ermitteln, dass sie auf Feld 15 Platz 6 liegen, neben Wilma und Hermann Ellermann, die 1943 und 1944 verstorben sind, doch auf dem idyllisch gelegenen Friedhof zwischen Bergstraße und Grevenskampweg fehlt jedweder Hinweis auf Felder und Plätze.

Klaus Tietje, der Heimatforscher, rät, ich solle mich an den Ortsvorsteher von Luttum, Claus-Hermann Hoops, wenden. Der verfüge über einen aktuellen Lageplan des Friedhofs. Er bietet mir an, mich sogleich hinzufahren. Auf dem Hof wird er als alter Bekannter begrüßt. In das Vertrauen, das man ihm entgegenbringt, werde ich wie selbstverständlich einbezogen. Wir werden durch die Bauernküche in die Räume des Altbauern geführt, der gerade Fernsehen guckt.

Och, den Wessel, joh, den habe ich noch gekannt, meint der. Der Karl, der Mann von der Resi[29]*, war sechzehn Jahre Knecht hier aufm Hoff. Und ich habe noch den Hund von dem Wessel übernommen, so'n mittelgroßen. Nee, wo das Grab von denen war, das weiß ich auch nicht.*

Man telefoniert mit seinem Sohn Claus-Hermann, der unterwegs ist. Der Altbauer reicht mir sein Mobiltelefon, und ich verabrede mich für den nächsten Vormittag. Da überlässt mir der Ortsvorsteher freundlich den aktuellen Friedhofsplan zur Einsicht. Die genaue Lage der letzten Ruhestätte meiner Urgroßeltern kann man der Unterlage freilich nicht entnehmen, bestenfalls grob schätzen. Ich fahre noch einmal zu dem kleinen Friedhof und lege an vermuteter Stelle eine Gedenkminute für die Urgroßeltern ein.

Unerwartet stoße ich Wochen später in meinen Archivkisten auf ein Foto, das meine Mutter Anita vom Grab ihrer Großeltern aufgenommen hat, und zwar im Juni 1993, wahrscheinlich kurz vor der Aufhebung der Grabstelle dreißig Jahre nach dem Ableben Gerd Wessels (Abb. 55). Im Vordergrund ist inmitten penibel gepflegter Gräber ein Grab zu sehen, das von hohem Gras überwuchert ist. Wenn ich das Foto sehe, taucht eine frühe Erinnerung auf. Die Konturen und die schwarze Schrifttafel des Grabsteins habe ich schon einmal gesehen. Vielleicht gelingt es mithilfe dieses Fotos bei meinem nächsten Besuch in Luttum doch, die letzte Ruhestätte der Urgroßeltern zu lokalisieren.

Stumme Zeugen

Im Januar 2023, an Gerd Wessels 151. Geburtstag, treffe ich Wilhelm Mühlmann auf Bessern erneut. Dieses Mal ist Wilhelm Hogrefe dabei, ein engagierter Kommunalpolitiker, der eine erweiterte Auflage seines materialreichen Sammelbands über die Geschichte des Aller-Leine-Tals in der Nachkriegszeit[30] plant. Vielleicht werden Wilhelm Mühlmann und ich einen kleinen Beitrag über die Jahre nach dem Zweiten Weltkrieg auf Bessern schreiben. Bei diesem Besuch bekomme ich von den gegenwärtigen Bewohnern die Erlaubnis, mir das Innere des Waldwärterhauses anzuschauen. So bekomme ich unerwartet Gelegenheit, auf stumme Zeugen des Lebens der Urgroßeltern zu stoßen.

Das Haus hat in den sechseinhalb Jahrzehnten, die seit Gerd Wessels Auszug vergangen sind, manche Verände-

Abb. 55

rung erlebt, auch baulich, etwa durch einen Anbau im Osten, durch den man das Haus jetzt betritt. Dennoch ist es gelungen, äußerlich seinen unverwechselbaren Charakter zu wahren. Im Innern ist es zu einem sehr komfortablen Landhaus mit viel Licht und Platz aufgewertet. Manches konnte über die Zeit gerettet und gelungen in die Modernisierung integriert werden. Eine Tür mit originalen Beschlägen führt in ein Bad. Ein verglastes Oberteil ziert die Tür, die vormals den Wohntrakt von der Deele trennte. So konnte man jederzeit mit raschem Blick sehen, ob mit dem Vieh alles in Ordnung war, das dort stand. Die zweiflügeligen hohen Sprossenfenster zum Garten sind exakt ihren historischen Vorgängern nachgebaut. Wie in vormaligen Zeiten findet sich in der Tür zur Küche ein kleines Glasfenster auf Augenhöhe, das unerwartete Zusammenstöße in der Türöffnung verhindert.

In der Küche von Sophie und Gerd Wessel stand ein Schreibsekretär mit vier großen Schubladen und einem

Aufsatz für Geschirr, außen rot angestrichen, innen gelb. Darin gab es ein Geheimfach, in dem Mühlmann später, als Gerd Wessel längst nach Bielefeld verzogen war, ein Gebiss findet. Das Möbelstück gefällt Wilhelm und Christine Mühlmann so gut, dass sie es in den siebziger Jahren weiß anstreichen lassen und mit nach Göttingen nehmen, wo es im Wohnraum ihrer ersten Wohnung einen herausgehobenen Platz einnahm.

Von der Archäologie lernen

Im Laufe meiner Nachforschungen, zunächst am Schreibtisch und später vor Ort, stoße ich auf einzelne Fundstücke, Informationen und Fragen, die auf den Lebensweg von Gerd und Sophie Wessel verweisen und doch nicht immer zeitlich oder inhaltlich näher zu erschließen sind. Ich komme mir zeitweise vor wie ein Archäologe, der bei Ausgrabungen auf einzelne Fundstücke stößt – Münzen, Gürtelschnallen, Knochen – und daraus auf der Grundlage verfügbaren Wissens, aber auch mit Fantasie lang zurückliegende Lebenswelten zu ergründen sucht. Deutlich wird mir dabei die unauflösliche Gleichzeitigkeit von Wissen und Nichtwissen, von harter Information und Fantasie, von erhellendem Fund und neuen Rätseln, die mit einzelnen Versatzstücken aus der Vergangenheit einhergehen.[31] Ich liste einige davon nachfolgend auf:

Wann hat Gerd Wessels Mutter (meine Ururgroßmutter also) erneut geheiratet? Hat sie in ihrer zweiten Ehe noch Kinder bekommen?

Pächter und/oder Arbeiter? Nicht abschließend klären kann ich die Frage, was Gerd Wessel beruflich gemacht hat, bevor er Waldwärter auf Bessern wurde. War er Häusling und Arbeiter oder Pächter ? Im Ortsfamilienbuch Verden – St. Andreasgemeinde tauchen beide Berufsbezeichnungen auf. In der Nachweisliste über geleistete Beiträge für die Invaliditäts- und Altersversicherung für die Gemeinde Luttum werden für Gerd Wessel in der Lohnklasse III für 1906 18 Beitragswochen, für 1908 und 1910 jeweils 52 und für 1912 29 Beitragswochen aufgeführt. Der Beruf zur Zeit der Ausstellung der Quittungskarte ist mit Arbeiter angegeben.

Was trug sich zwischen der (vorehelichen) Geburt von Gerd Huxol im Oktober 1894 und der Eheschließung von Gerd und Sophie im April 1897 zu? Warum heiraten sie erst zweieinhalb Jahre nach der Geburt des Kindes? Für Sophie Huxol taucht in 1897 der Wohnsitz Grafel/Stemmen bei Verden auf. Ist sie allein mit ihrem Kind dorthin gezogen? Diese offen Fragen mahnen den Forscher zugleich, nicht allzu zudringlich zu werden und persönliche Geheimnisse der verstorbenen Ahnen zu respektieren.

Lassen sich Belege für die Geschichte vom ertrunkenen Vorgänger finden, dem Waldwärter, der nach dem Schützenfest in Ahnebergen in der Aller ertrunken ist?

Sophies Vater kommt aus dem Lipperland. Ihr Vater, Heinrich August Huxol, kommt 1849 in Almena bei Detmold zur Welt; ihre Mutter, Marie Catharine Sophie Helberg wird 1851 in Wittlohe bei Verden geboren. Als Ziegelspezialist versteht Ururgroßvater Huxol sich darauf, aus Mergel und Lehm Ziegel und Bausteine zu brennen, die man zum Bau von Bauernhäusern und Scheunen braucht. Beinahe jedes Dorf verfügt über eine Mergelgrube und eine Ziegelei, lerne ich von Klaus Tietje. Mit seiner Hilfe kann ich den Resthof ausfindig machen, auf dem die Huxols gelebt haben und gestorben sind. Durch Panzerbeschuss am Ende des Zweiten Weltkriegs brennt das Haus ab. Das Backhaus und die Remise stehen noch. Ein alter Grundstein mit einer eingravierten Inschrift aus dem Jahr 1863 zeigt, dass ich in der Tat den Hof der Urgroßeltern Huxol gefunden habe. Nachkommen der Huxols wohnen bis heute in Armsen.

Lebenserwartung weit übertroffen

Ein Junge, der 1872 geboren wurde, konnte den Daten des Statistischen Bundesamts zufolge eine Lebensspanne von 35 Jahren erwarten.[32] Gerd Wessel, ein Kind dieses Jahrgangs, ist zweiundneunzig und ein halbes Jahr alt geworden. Ich frage mich: was hat diese außergewöhnliche Langlebigkeit ermöglicht? Was hat dazu beigetragen, dass er seine statistische Lebenserwartung so deutlich übertreffen konnte?

Die Antworten auf diese Frage müssen spekulativ bleiben. Ich sehe sechs Faktoren, die ihm zu diesem hohen Lebensalter verholfen haben könnten, allgemeine und ganz persönliche. (1) Die genetische Ausstattung wird seine Langlebigkeit unterstützt haben, so dass weder ein Infarkt noch bösartige Geschwulste auftraten. Sein Vater wurde freilich nicht sehr alt, lediglich 48 Jahre; seine Mutter stirbt 1917 nach Wiederverheiratung und erneuter Verwitwung als Sophie Allerheiligen im Alter von 79 Jahren. (2) Zufall und Glück sowie das, was ich das Generationenschicksal nennen möchte, waren mit im Spiel. Zu Beginn des Ersten Weltkriegs war Gerd Wessel 42 Jahre alt. Er wurde noch eingezogen, vielleicht aber nicht mehr zu Kampfhandlungen an der Front abkommandiert.

Ich vermute, dass (3) ein starker lebensverlängernder Faktor das Leben und Arbeiten in den Föhren der Aller-Geest war. Über Jahrzehnte von morgens bis abends in der Natur mit viel körperlicher Bewegung, abseits von Hektik und Stress, weitgehend selbstbestimmt und in frischer Luft: das mutet geradezu wie ein Rezept für Langlebigkeit an. (4) Die Ernährung wird beteiligt gewesen sein. Immer hat er diesen Haferbrei gegessen, erzählt Ursula, seine Enkelin. Aus heutiger Sicht stellt sich die Ernährung ärmerer Menschen auf dem Lande gesünder dar, keine Völlerei, wenig Fleisch, viel Gemüse vom eigenen Land. Anders als sein Sohn Heinrich ist Gerd auch in den Wirtschaftswunderjahren schlank und drahtig geblieben. (5) Er hat offenbar nicht oder jedenfalls wenig geraucht. Lediglich auf dem Foto von der Silberhochzeit 1922 entdecke ich ihn mit dem Stummel eines Zigarillos. Ich nehme auch an, dass er wenig Alkohol getrunken hat, vielleicht zum Geburtstag mal einen Schnaps oder zum Schützenfest ein paar Gläser Bier. (6) Nicht zuletzt dürfte die Pflege im Hause von Sohn und Schwiegertochter in den letzten Lebensjahren dazu beigetragen haben, dass er die meisten seiner Jahrgangsgenossen überlebt hat. Den eingangs angeführten Persönlichkeiten seines Jahrgangs Bertrand Russell, Thomas Mann und Hermann Hesse war im Übrigen ebenfalls eine vergleichbar lange Lebensspanne vergönnt.

Was bleibt?

Wenn ich diese Expedition in das Leben der Wessel'schen Urgroßeltern bilanziere, welche Entdeckungen habe ich gemacht, welche Überraschungen haben sich dabei gezeigt? Welcher Ertrag hat sich ergeben, auch unter dem

Aspekt eines eingangs ins Spiel gebrachten Benchmarks für die eigene Biographie? Mich verblüfft, wie reichhaltig und vielgestaltig sich die verfügbare Quellenlage darstellt, nachdem ich einmal angefangen habe, mich mit dem Thema zu befassen. Dabei habe ich anfangs die Recherchen auf das Material begrenzt, das in meinem privaten Archiv auf Entdeckung wartete. Ich erfahre staunend, wieviel Informationswert ein Foto anzubieten hat, wenn man es intensiv befragt und in einen biographischen Kontext stellt.[33]

Unerwartet stellen sich auch einzelne neue Informationsschnipsel dar, die die Recherche zutage fördert: dass der Urgroßvater früh seinen Vater verloren hat, dass seine Mutter sich wiederverheiratet; dass ich das Haus finde in der Stienchenstraße in Verden, in dem sie zuletzt gelebt hat; die voreheliche Geburt des in Verdun gefallenen Sohnes Gerd und die erst 30 Monate nach seiner Geburt erfolgte Eheschließung der Urgroßeltern.

Überraschend war für mich auch der Gang der Untersuchung selbst. Als Gegenstand wähle ich eingangs aus kalendarischem Anlass die Person von Gerd Wessel, dem Urgroßvaters aus den Aller-Föhren. Solange ich das Umfeld zwischen der Reichgründung 1871 und Erstem Weltkrieg grob skizziere, bleibt es zunächst dabei. In dem Maße, in dem ich anhand von Quellen zunehmend den individuellen Lebenspuren nachgehe, kommt freilich immer stärker meine Urgroßmutter Sophie Wessel, geborene Huxol, mit ins Bild. Sie ist es, die dafür gesorgt hat, dass es überhaupt die eine und andere Fotografie gibt. Sie ist es, die gerne und schön schreibt, wie die Karten und Briefe an ihre Enkelin Anita zeigen. Ihr sind bewegende Sätze über den Alltag im Waldwärterhaus zu verdanken, in denen sich die Zeit, aber auch persönliche Lebensfreude und eigenes Sterbensleid spiegeln. Wenn nach dem Zweiten Weltkrieg mit der nach Bessern gezogenen Familie Mühlmann ein sehr harmonisches, geradezu familiäres Zusammenleben gelingt, hat sie daran wesentlichen Anteil.

Im politischen Urteil der urgroßelterlichen Biographien muss mangels hinreichender Quellen die Frage offenbleiben, wieweit Gerd und Sophie Wessel Mittäter und Mitverantwortliche oder Opfer der vom Deutschen Reich und von Hitler-Deutschland verursachten historischen Katastrophen des zwanzigsten Jahrhunderts waren. Womöglich waren sie beides. Schwer bezahlen mussten sie biografisch mit dem Tod ihres Sohnes allemal dafür. Ob eine bessere Bildung sie gegen den vorherrschenden Nationalismus hätte feien können, darf bezweifelt werden.[34]

Als bemerkenswert erlebe ich, wie die Befassung mit einem begrenzten Gegenstand, der Biographie der eigenen Urgroßeltern, die Tür öffnet für Themen, von denen ich vormals schon einmal gehört, das eine und andere behalten oder auch wieder vergessen habe – Gegenstände, die weitab erschienen und mit dem eigenen Leben wenig zu tun hatten: Hügelgräber aus der Jungsteinzeit, die Römer im norddeutschen Tiefland, die Cherusker und die Chauken, das 19. Jahrhundert, Bismarck und die deutsche Reichsgründung. Was vordem abstrakt unter Geschichte abgelegt war, gewinnt durch die Linse der familiengeschichtlichen Recherche an Farbe und Bedeutung.

Man kann fragen, was es denn bringe, sich mit dem Leben von Vorfahren zu befassen. Ich halte es mit Claudius Seidl, der betont, dass „keine Gesellschaft auf Gedächtnis, Erinnerung und das Bewusstsein ihrer Herkunft verzichten kann".[35] Angesichts der begrenzten Spanne menschlichen Lebens finde ich es darüber hinaus höchst anregend, Fragen wie diesen nachzugehen: Was war das für ein Leben, das sich mir, dem Beobachter, darstellt? Wie sind die Vorfahren mit den unvermeidlichen Härten und Rückschlägen des Lebens zurecht gekommen? Welche Freuden haben sie erlebt? Wie haben sie die Vorgaben, Zwänge und Notlagen ihres Zeitalters, wie die Zumutungen ihres persönlichen Lebens, von Alter und schwindender Eigenständigkeit bewältigt? Gibt es etwas, was ich in eigenem Handeln und Fühlen wiedererkenne? Worauf gilt es sich selbst einzurichten?

Dem Lebensweg von Gerd Wessel und seiner Frau Sophie kann ich eine Fülle von Impulsen entnehmen: das einfache, naturnahe Leben in der Geestlandschaft am Rande der Lüneburger Heide; körperliche Arbeit im Freien und eine eher schmale, aber natürliche Kost; die Synergien der ehelichen Beziehung; die Verbundenheit mit Kindern und Enkeln; die Fähigkeit, Wegmarken des Lebens, wie den runden Geburtstag oder die Goldene Hochzeit, als solche zu erkennen und zu würdigen; die Haltung, Veränderungen und Einschränkungen anzunehmen; Humor und die Bereitschaft, enge, warmherzige Beziehungen einzugehen; nicht zuletzt die Akzeptanz des Unabweisbaren in der Lebensphase, die so schmerzliche Verluste wie den Tod der Ehefrau und des jahrzehntelangen Zuhauses mit sich brachte. Mit den zweiundneunzigeinhalb Jahren, die Gerd Wessel auf dieser Welt weilte, steht seine Biographie beispielhaft für ein weitgehend eigenständig gelebtes Leben und damit für gelebte Resilienz dar: die Fähigkeit, Rückschläge, Niederlagen und Härten des Lebens anzunehmen, ohne sich von ihnen niederringen und entmutigen zu lassen.

Ich erkenne eigene, weit zurückreichende Wurzeln im Niedersächsischen, und wenn ich im Alltag der Versuchung erliege, Mitmenschen erziehen zu wollen, die achtlos Müll auf die Straße werfen oder sich dort eine Zigarette anzünden wollen, wo Rauchen nicht gestattet ist, fragt mich meine Frau augenzwinkernd, ob ich mal wieder meinen alten Waldhütergenen nachgebe.

Familienforschung erleben

Jenseits solcher Erkenntnisse bereichert die Familienforschung unerwartet auch in der Dimension eigenen Erlebens. Habe ich mich dem Lebensweg der Urgroßeltern Gerd und Sophie Wessel zunächst vom heimischen Schreibtisch aus genähert und dabei wie in einem Puzzle versucht, aus einigen wenigen erhaltenen Dokumenten und Fotos ein Bild zu machen, so verspürte ich zunehmend den Wunsch, mir vor Ort anzuschauen, wo sie gelebt haben. Ich mietete mir im Frühsommer 2022 eine Ferienwohnung in Neddenaverbergen, einem Nachbarort von Luttum. Was ich gesucht habe, wusste ich zunächst selbst nicht so genau. Ich wurde aber überraschend fündig.

Ich erkundete mit dem Rad die Gegend zwischen Neddenaverbergen, Hohenaverbergen und Luttum und entdeckte, dass das alte Waldwärterhaus in den Föhren von Gut Bessern noch steht, südlich daneben das nach dem Krieg gebaute schmucke Fachwerkhaus. Aus der Dorfchronik wusste ich, dass dort ein Urenkel von Matthias Hein-

Abb. 56

rich Feldmann lebt, dem Dienstgeber von Gerd Wessel.

Bei einem ersten Besuch dort traf ich niemanden an. Ich versuchte es am nächsten Tag erneut. Wieder öffnete auf mein Klingeln niemand. Durch die Scheiben der Eingangstür sah ich im Garten jemanden an einem Tisch sitzen und Zeitung lesen. Ich überwand mein Zögern – drang ich doch ungebeten in eine Privatsphäre ein –, lief um das Haus herum und stellte mich und mein Anliegen vor. Wilhelm Mühlmann, der Hausherr, lud mich freundlich ein, Platz zu nehmen. Dass er demselben Jahrgang angehört wie ich, wusste ich auch aus der Dorfchronik von Luttum. Das Gespräch kam schnell in Gang. Ja, an Gerd und Sophie Wessel konnte er sich erinnern. Er selbst war ja auf Bessern aufgewachsen und hatte die beiden Alten persönlich noch erlebt. Er erzählte von dem ertrunkenen Vorgänger als Waldwärter nach dem Schützenfest von Ahnebergen, von „Opa Wessel" als vormaligem „Herrn aller Reusen" und von den Jahren nach dem Zweiten Weltkrieg, als Mühlmanns Eltern, durch Kriegseinwirkungen obdachlos geworden, mit in das Waldwärterhaus einzogen.

Er holte das von seinem Vater gemalte Bild des Waldwärterhauses aus dem Jahr 1946 (Abb. 56) und zeigte mir, wo früher der Weg von Süden her verlief, den der Fotograf der Aufnahmen gekommen war (Abb. 39). Es war der Beginn einer anregenden Bekanntschaft, die sich im weiteren durch Telefonate, E-Mails und neuerliche Treffen vertieft hat.

Fünf Tage verweilte ich bei schönstem Frühsommerwetter in der Landschaft der Urgroßeltern. Mit dem Rad erkundete ich im Aller-Leine-Tal Rad Wälder, Wiesen und Moore der umgebenden Geestlandschaft, radelte nach Kirchlinteln, Wittlohe und Verden, entdeckte Hügelgräber und abgelegene Wege durch die sandigen Föhren. Am Ufer der Aller sehe ich eine Gruppe von Pferden aus dem Fluss trinken; auf einem einsamen Waldweg finde ich mich Aug in Aug mit einem Fuchs. Ich begeistere mich an schönen alten Bauernhöfen und schattigen Dorfplätzen unter Eichen. Im Keller des Gemeindearchivs von Kirchlinteln durchforstete ich Archivkisten mit amtlichen Unterlagen aus historischer Zeit, um mich auf dem Weg zurück nach Neddenaverbergen an Kuhherden auf beschatteten Wiesen zu freuen, bei denen die Kälber bei ihren Müttern bleiben dürfen.

Zurück in Münster notiere ich in meinem Tagebuch: *Das Geschehen der viereinhalb Tage im Allertal nimmt sich im nachherein geradezu mystisch aus. Die Energie, die ich dort verspüre, die Begeisterung für die Schönheit der alten Dörfer, der Fachwerkhöfe, der leicht hügeligen Felder und Wiesen, die Birkenalleen und einsamen Radwege, die vernommene Nähe zu den Ahnen und zu denen, die sie noch erlebt haben, sowie die wundersamen Zufälle des Entdeckens – all das kommt mir im Rückblick geradezu unwahrscheinlich vor.*

Vor meinem inneren Auge tauchen die verwunschenen Wiesen und Waldwege in den Föhren um Nedden auf. Sie lassen eine Sehnsucht entstehen, dahin zurückzukehren. Es kommt mir beinahe so vor, als seien diese Bilder der Geest, von Fachwerkhöfen und grasenden Rinderherden, von sanft wogenden Wiesen und einsamen Föhrenwäldern tief in mir gespeichert gewesen, als hätte ich dort ein beglückendes Wiedererkennen erlebt."

Auch wenn im Rückblick manches idyllischer aussehen mag, als es war, so habe ich doch erlebt: Ahnenforschung kann glücklich machen.

Anmerkungen

Anmerkungen Kapitel 1

1 https://www.swr.de/swr2/doku-und-feature/angstgeraeusche-swr2- essay-2020-10-12-100.html

2 Hans Blumenberg beschreibt diesen Umstand als „Absolutismus der Wirklichkeit". Der Mensch habe die Bedingungen seiner Existenz nicht annähernd in der Hand. Ihm stehen weder seine Lebenszeit noch seine Lebensumstände zur Disposition. „Gerade am Anfang begegnet ihm die Wirklichkeit als bedrohlich und erbarmungslos, weil er in seinen Ursprüngen ein nacktes, bedürftiges und hilfloses Wesen ist." Vgl. Franz-Josef Wetz. *Hans Blumenberg zur Einführung.* München: Junius, 2004. S.116

Anmerkungen Kapitel 2

1 Sebastian Haffner. *Geschichte eines Deutschen. Erinnerungen 1914–1933.* Stuttgart: Deutsche Verlagsanstalt, 2000. S.71.

2 Ebenda. S. 19.

3 Ebenda. S. 20/21.

4 Ebenda.

5 Ebenda. S. 22.

6 Ebenda. S. 25.

6a Vgl, Abb. 31a, S. 136 in diesem Band.

6b Vgl. dazu etwa die umfangreichen Arbeiten von Gerd Krumeich zur Vorgeschichte und Geschichte des Ersten Weltkriegs aus französischer Sicht.

7 Der Lernplan der Reichwehr für Unteroffiziere sah folgende Themen und Inhalte vor:

(1) Militärische Ausbildung: Die militärische Ausbildung war ein wesentlicher Bestandteil des Lernplans der Reichswehr. Die Unteroffiziere erhielten eine gründliche Ausbildung in der Hand-

habung von Waffen, der taktischen Bewegung von Truppen und der Kampfführung.
(2) Organisationslehre: Die Unteroffiziere wurden in der Organisationslehre geschult, um die Fähigkeiten zu erwerben, die notwendig sind, um eine Einheit zu organisieren und zu leiten. Sie lernten, wie man Truppen und Material effektiv koordiniert und wie man Aufgaben delegiert.
(3) Kommunikation und Führung: Ein weiterer wichtiger Bestandteil des Lernplans war die Kommunikation und Führung. Die Unteroffiziere wurden darauf trainiert, Befehle klar und präzise zu erteilen und die Moral ihrer Einheiten aufrechtzuerhalten.
(4) Kriegsgeschichte: Die Reichswehr legte auch Wert auf eine gründliche Ausbildung in der Kriegsgeschichte. Die Unteroffiziere lernten aus vergangenen militärischen Konflikten und Schlachten, um ihre taktischen Fähigkeiten zu verbessern.
(5) Ideologische Schulung: Die Reichswehr legte auch Wert auf ideologische Schulung. Die Unteroffiziere wurden in der nationalen Politik und in der Bedeutung der Armee als Verteidiger der Nation geschult.
Quelle: ChatGTP, Lernplan der Reichswehr für Unteroffiziere, abgefragt am 21.04.2023.

8 de Bruyn, Günther. *Zwischenbilanz*. Frankfurt: Fischer, 1992. S. 142/143.

9 Ahlemeyer, Heinrich W. Tagebücher. Rote Serie; Band x, 16.9.1983. Seiten 119-125. Unveröffentlicht.

10 https://was-war-wann.de/1900/1930/1937.html; 14.12.2020.

11 Siehe Lübbe, Hermann. *Vom Parteigenossen zum Bundesbürger. Über beschwiegene und historisierte Vergangenheiten*. München: Fink, 2007. S. 83.

11a Notebook Nr. 14 (3.10.1990 – 30.04.1995), S. 185. Unveröffentlicht.

12 Bericht der von den Außenministern der Bundesrepublik Deutschland und der Italienischen Republik am 28.03.2009 eingesetzten deutsch-italienischen Historikerkommission. Juli 2012. https://italien.diplo.de/blob/1600270/12748346557

a5f376948654ad1deab52/hiko-de-data.pdf Aufgerufen am 2.8.2021

13 Ebenda. S.10.

14 Ebenda. S. 13.

15 Ebenda. S. 15.

16 https://www.forum-der-wehrmacht.de/ index.php?thread/7807-fronthilfe-deutsche-reichspost-drp-ss-kraftfahrstaffel/. Aufgerufen am 3.8.2021: 10:20h.

17 Vgl. Klietmann, K.G. *Die Waffen-SS – eine Dokumentation*. Osnabrück: Munin-Verlag, 1965. S. 455ff.

18 Vgl. Klietmann 1965, S. 455, sowie die Internet-Seite der Fußnote 16.

19 Zitiert nach https://www.forum-der-wehrmacht.de/index/thread/7807-fronthilfe-deutsche-reichspost-drp-ss-kraftfahrstaffel/. Aufgerufen am 23.11.2020, 20:32h.

20 http://italiasociale.org/storia07/storia171107-1.html. Aufgerufen am 23.11.2020; 21:04h.

21 Aus einem Gespräch, das ich am 31.07.1987 mit Werner Ahlemeyer führe:

Frage: Was hast Du vom Nationalsozialismus mitbekommen? Als das 1933 losging, warst Du ja noch viel zu klein, um das bewusst wahrzunehmen.

Werner Ahlemeyer: Was ich mitbekam: Jungvolk, Hitlerjugend. Das war doch schon was: die Braunhemden! Zum Jungvolk mussten wir zwei Mal die Woche. HJ war ab vierzehn. Und das war alles nur vormilitärische Ausbildung. Da mussten wir richtig Dienst tun, wie beim Militär: antreten, exerzieren, marschieren lernen, singen. Dann gab es Vorträge und Unterweisungen […]

Frage: War das für Euch selbstverständlich oder habt Ihr das hinterfragt?

WA: Wir Kinder haben das zu der Zeit mit Freuden gemacht. Ich hatte allerdings einen Vater, der davon nichts hielt. Im Gegenteil: das war ein richtiger SPD-Mann. Der war Mitglied bei den Sozialdemokraten, auch bei der Gewerkschaft, und der stand bei den Nazis auf der schwarzen Liste. Mein Vater sagte immer: da gebe ich meine Kinder nicht für her.

22 So wollte sich etwa Hans Blumenberg den Kontakt zu Carl Schmitt nicht nehmen lassen. Vgl. dazu Zill, Rüdiger. *Der absolute Leser: Hans Blumenberg. Eine intellektuelle Biographie.* Berlin: Suhrkamp, 2020. S. 316.

23 In diesem Sinne argumentiert auch Hans Maier:

Man ist auf der sicheren Seite, wenn man mit den ‚Vätern', die sich nicht mehr wehren können, schonungslos ins Gericht geht. Die historische Situation zu rekonstruieren, in die Taten und Entscheidungen immer eingebettet sind, und dadurch Anhaltspunkte zu gewinnen für ein erstes Urteil über Mut oder Versagen – das erspart man sich. Vor solch schnellfertigem Moralisieren, Urteilen, Verurteilen bewahrte der Schriftsteller Golo Mann sein historischer Sinn – ein Sinn für Gerechtigkeit und Gleichgewicht. Er wusste, auch als Künstler, dass das Entscheidende in den Nuancen liegt, nicht im groben Schwarz-Weiß.

Hans Maier, „Golo Mann – Erinnerung an einen großen Erzähler", nzz 7.10.21.

24 https://www.swr.de/swr2/doku-und-feature/ressentiments-swr2-essay-2020-05-18-100.html.

25 W.G. Sebald. „Mit den Augen des Nachtvogels: über Jean Améry." In ders.: *Campo Santo.* München: Hanser, 2003. Hg. Von Sven Meyer. pp. 149-172, hier: 151.

26 Amery, Ressentiments, 24'30" – 25'40".

27 Ebenda, 26'30" – 27'40".

28 Siehe Lübbe, Hermann. *Vom Parteigenossen zum Bundesbürger. Über beschwiegene und historisierte Vergangenheiten.* München: Fink, 2007. 39ff.

29 Lübbe 2007: S. 8.

30 Ebenda. S. 9.

31 Joachim C. Fest. *Hitler. Eine Biographie.* Erster Bd: *Der Aufstieg.* Zweiter Bd: *Der Führer.* Berlin: Propyläen, 1973.

32 Sebastian Haffner. *Anmerkungen zu Hitler.* Berlin: Kindler, 1978.

33 Lübbe 2007: S. 20.

34 Lübbe 2007: S. 22.

35 Walther Hofer. *Der Nationalsozialismus. Dokumente 1933–*

1945. Frankfurt/ Main: Fischer, 1957.
36 Eugen Kogon. *Der SS-Staat. Das System der deutschen Konzentrationslager*. München: Heyne, 1974. Erstauflage 1946.
37 Lübbe 2007: S. 25.
38 Lübbe 2007: S. 43.
39 Lübbe 2007: S. 32.
40 Lübbe 2007: S. 74.
41 Lübbe 2007: S. 85.
42 Reinhard Kaiser-Mühlecker. „Was ist der wichtigste Beruf?" *Frankfurter Allgemeine Zeitung* 30.01.2021.
43 Kurz vorher bringt er mich zu meiner ersten Auslandsreise nach England zum Zug. Als ich vier Wochen später zurückkomme, führen mich die Eltern auf dem Sudbrack-Friedhof in Bielefeld zu seinem Grab.

Anmerkungen Kapitel 3

1 Herkunft werde überschätzt, so Lukas Bärfuss in: Vaters Kiste. Eine Geschichte über das Erben. Hamburg: Rowohlt, 2022. Besprochen in *Schweizer Monat* 1101 (November 2022), p.53. Eine geradezu beispielhafte literarische Bearbeitung der eigenen Herkunft dagegen bietet Botho Strauß in seinem Buch *Herkunft* aus dem Jahr 2014. (München: Carl Hanser).
2 Der Bedeutungshof der Berufsbezeichnung Häusling reicht von Gesinde, Tagelöhner bis Kleinstbauer mit eigenem Haus und nur wenig Grundbesitz. In manchen Regionen werden damit auch Mieter oder Mitbewohner eines kleinen Hauses ohne Grundbesitz bezeichnet. Siehe dazu auch: www.genealogie-reichel.de/berufe/ häusling. Das war mein Erkenntnisstand bis zu meinen Recherchen vor Ort. Dort macht der Neddenaverbergener Heimatforscher Klaus Tietje mich auf die Chronik des Dorfes Armsen aufmerksam, in der ich die folgende aufschlussreiche Erklärung finde:
„Neben den Siedlerklassen der Meier, Kötner, Neu- und Anbauern gab es – und das bereits über Jahrhunderte – eine beinahe besitzlose Bevölkerungsschicht, die Häuslinge. Es waren nicht die Knechte oder Märkte, die sich auf Zeit verdingten, sondern

die Häuslinge wohnten mit ihren Familien auf den Höfen. In der Bevölkerungsliste von 1813 [...] finden wir auf allen Höfen in Armsen Häuslingsfamilien in den Backhäusern. Der Backofen war in einem kleinen Fachwerkhaus eingebaut, in dem sich auch der Wohnraum des Häuslings befand.

[...] Vergleichen können wir die Häuslinge mit Deputatleuten, die ebenfalls mit ihren Familien auf den Höfen wohnten. Sie erhielten für ihre Arbeit – die ganze Familie gehörte dazu – Nahrung, wenig Geld, Weide für eine Kuh und die Möglichkeit, ein oder zwei Schweine zu füttern. Ein Schwein davon musste aber sicher verkauft werden, denn auch die Häuslinge wurden zu Abgaben herangezogen und benötigten daher Bargeld. Ausserdem mussten etwas Kleidung, die Bedürfnisse waren nicht so hoch wie heute, und ergänzende Nahrung gekauft werden." Siehe Gemeinde Kirchlinteln (Hg.). *Die Chronik des Dorfers Armsen*. Verden: Lührs & Röver, 1991. p.47

2a Zur Biografie Bismarcks vgl. Ernst Engelbergs ausführliche Darstellung *Bismarck. Urpreuße und Reichsgründer*, die 1985 im Siedler Verlag (Berlin) erschienen ist.

3 Kocka, Jürgen. *Kampf um die Moderne*. Stuttgart: Klett-Cotta, 2021. 106/7.

4 Kocka 2021. 37.

5 Das Kaiserreich ist abhängig von Getreideeinfuhren und damit von Preisen für landwirtschaftliche Güter auf dem Weltmarkt. Infolge sinkender Produktions- und Transportkosten in Übersee kommt es zu einem ausgeprägten Preisverfall, der die wirtschaftliche Lage der Landbevölkerung spürbar verschlechtert. Die Agrarkrise mündet schließlich in einer „Großen Depression", auf die der Staat mit agrarprotektionistischen Maßnahmen reagiert. Vgl. Gogol, Sebastian. Die Landwirtschaft und die Ländliche Gesellschaft im Kaiserreich. Hauptseminararbeit 2013.

6 Kocka 2021.

7 Kocka 2021, 128.

8 Nonn, Christoph. *12 Tage und ein halbes Jahrhundert. Eine Geschichte des deutschen Kaiserreichs 1871–1918*. München: C.H. Beck, 2021. p. 10.

9 Nonn 2021, 11.

10 Kocka 2021, 138.

11 https://hermann-hesse.de/biografie/nobelpreis, aufgerufen am 25.2.2022, 16:35h.

12 Als Beleg für die nur rudimentäre Schulbildung siehe den Eintrag von Gerd Wessel in das Poesiealbum seiner Enkelin Anita an, den er am 24.8.1941 vornimmt. Die Schrift ist ungelenk, die Orthografie unsicher, und der kurze Text von fünfzehn Wörtern enthält gleich mehrere grammatische Fehler, wie etwa: „zum andenk an Dein großvater" (sic). Dem Spruch, den er dort in Sütterlin notiert, gibt mir lange Zeit Rätsel auf.

bleibe stets
ein gutes Kind
dein Eltern glüt

Im plattdeutschen Wörterbuch gibt es das Wort glüt nicht. Meine Frau Hildegard löst das Rätsel schließlich – die letzte Zeile soll wohl heißen: deiner Eltern Glück. Die Fehler werden an dieser Stelle nicht aus Besserwisserei angemerkt, sondern allein als Beleg für die Aussage von der nur rudimentären schulischen Bildung – aus der respektvollen Perspektive eines Urenkels, dem das Glück zuteil ward, „höhere Schulen" und Universitäten besuchen zu können.

13 Gemeinde Kirchlinteln (Hg.) *Unser Dorf Luttum. Chronik des Dorfes Luttum mit dem Ortsteil Bessern. Begebenheiten – Erinnerungen-Fakten*. Ges. vom Arbeitskreis Dorfchronik. Verden, 1997.

14 Die Cherusker sind ein Stammesverband im antiken Germanien, der im Gebiet beidseitig des oberen Fluss-gebietes der Weser in Ostwestfalen und in Niedersachsen bis hin zur Elbe lebte. Siehe „Cherusker" in www.Wikipedia.org/wiki/Cherusker. Die Chauken lebten beidseits der unteren Weser. Sie wurden im 11. V. Chr. durch Nero Claudius Drusus unterworfen, widersetzten sich jedoch in wiederholten Aufständen dieser Fremdherrschaft. Siehe www.Wikipedia.org/wiki/Chauken.

15 Unser Dorf Luttum, p.207.

16 Dieser Abschnitt über Bessern und seine Geschichte ver-

dankt sich dem von kundiger Hand geschriebenen Kapitel zu Bessern in der Luttumer Dorfchronik, 207–213.

17 Vgl. dazu Luks, Timo. *In eigener Sache. Eine Kulturgeschichte der Bewerbung*. 2022. zitiert nach André Kieserling. „Bitte untertänigst um Einstellung." In: Frankfurter Allgemeine Sonntagszeitung 30.10.2022, p. 60.

18 Kieserling, a.a.O.

19 Dass ich schließlich doch noch Kopien der standesamtlichen Geburtseinträge aller fünf Kinder von Gerd und Sophie Wessel bekomme, verdanke ich Dr. Klaus Tietje, dem Heimatforscher, Tierarzt i.R. und Eigentümer der Hofstelle in Neddenaverbergen, auf der Sophie Wessel am 11.10.1894 ihren ersten Sohn geboren hat.

20 Vgl. Unser Dorf Luttum, S. 46–47.

21 Ebenda.

22 Ebenda, S.48–50.

23 Unser Dorf Luttum, S. 48.

24 Ebenda, S. 61.

25 Ebenda, S. 64f.

26 Margret Willbrandt. *Das fünfte Kind oder die Mitgift der Mutter. Erinnerungen an L. Remscheidt*: Rediroma Verlag 2017. p.16.

27 Eine Möglichkeit könnte sein, und der zeitliche Zusammenhang legt das nahe, dass diese Aufnahme im Zusammenhang mit einer ganzseitigen Dokumentation über das Dorf Luttum gemacht wurde, die das *Verdener Anzeigenblatt* im August 1944 veröffentlicht. Von den sechs Fotografien zeigt eine das Waldwärterhaus in Bessern „Das Dorf Luttum im Schnittpunkt von Marsch und Geest" *Verdener Anzeigenblatt* vom 5/6. Aug. 1944. Auf der Titelseite dieser Ausgabe steht in fetten Lettern: „Alle Kraft für den Endsieg!" Der Journalist des Artikels über Luttum Heinrich Lüdemann wird in der Region „Lügemann" genannt, wie mir Klaus Tietje erzählt.

27a Walburga Hülk verdanke ich den Hinweis, dass Sophie damit den Titel einer Kirchen-Kantate von Johann Sebastian Bach zitiert (BWV 100). Bach komponierte die Choralkantate nach dem Choral „Was Gott tut, das ist wohlgetan" (Samuel Rodigast, 1674) zwischen 1732 und 1735 und führte sie um 1734 erstmals auf.

28 Meldekarte Bestand 104,3/ Einwohnermeldeamt Bielefeld, Nr. 19: Meldekartei Bielefeld-Mitte, Abgänge 1958-1984.

29 Resi ist eine Tochter von Dora Krull, geborene Wessel, der einzigen Tochter von Gerd und Sophie Wessel. Sie lebt in Köln und besucht, genau wie ihre Cousine Anita, die Großeltern in Luttum oft und gern. Siehe auch Abb. 27.

30 Wilhelm Hogrefe (Hg.) *Unsere Heimat in der Nachkriegszeit. Berichte, Bilder und Erinnerungen*. Rotenburg: Fahlbusch, 1. Aufl. 2021.

31 Dabei kommt mir ein Besuch des Museums Varusschlacht im Osnabrücker Land in den Sinn, wo ich im Sommer 2022 auf dem Weg von Münster nach Luttum einen Halt einlege. Erst intensive archäologische Grabungen in der Fundregion erlaubten in den 1980er Jahren eine (wahrscheinliche) Lokalisierung der Schlacht, von der man lange Zeit nur aus der Literatur wusste, bei Ovid, Seneca oder Tacitus etwa, ohne den genauen Ort zu kennen. In dem dort errichteten Museum sehe ich die Fundstücke, die man dort bei Ausgrabungen geborgen hat: Münzen, eiserne Masken, Schwerter, Brustpanzer, Gürtelschnallen, Riemenhalter, Knochen – alle nach mehr als zweitausend Jahren ausgegraben und auf der Grundlage verfügbaren Wissens, aber auch mit viel Vorstellungskraft in lebensweltlichen Zusammenhängen ausgestellt.

32 Die Lebenserwartung (bei Geburt) stieg von 35,8 (Männer) und 38,4 Jahren (Frauen) im Durchschnitt der 1870er Jahre auf 47,4 (Männer) und 50,7 Jahre (Frauen) am Vorabend des ersten Weltkriegs. Kocka 2021, 51.

33 Fotografien scheinen die Dimensionen von Vergangenheit und Gegenwart aufzuheben. Susan Sonntag schreibt dazu: „Fotografie heißt, die Sterblichkeit zu inventarisieren. […] Fotos zeigen Menschen, so unwiderruflich gegenwärtig und zu einem bestimmten Zeitpunkt ihres Lebens; sie stellen Personen und Dinge nebeneinander, die einen Augenblick später wieder getrennt waren, sich verändert hatten und ihr eigenes Schicksal

weiterlebten. [...] Fotografien konstatieren die Unschuld, die Verletzlichkeit der Leben, die ihrer eigenen Vernichtung entgegengehen." Susan Sonntag. *Über Fotografie*. Frankfurt/ Main: Fischer, 1980. S. 72f.

34 Bismarck hielt das neugegründete Reich zwar für „saturiert"; nach ihm jedoch entwickelte sich ein großer Teil der politischen Klasse zunehmend nationalistisch. Max Weber, der große Liberale und Begründer der Soziologie in Deutschland, forderte 1895: „Wir müssen begreifen, dass die Einigung Deutschlands ein Jugendstreich war, den die Nation auf ihre alten Tage beging und seiner Kostspieligkeit wegen besser unterlassen hätte, wenn sie der Abschluss und nicht der Ausgangspunkt einer deutschen Weltmachtpolitik sein sollte."
In: Weber, Max. *Gesammelte politische Schriften*. p. 23. Zit. nach Kocka 2021: 138.

35 Claudius Seidl. „Die Abschaffung des Alters" in: faz 11.04.2023, p. 11.

Inhalt